Edition Westfalenwege
ISBN: 978-3-9814673-1-4

Inhalt

Impressum
hk*media Verlag*
Dr. Helga Kretzschmar
Postfach 480204, 48079 Münster
Hülsebrockstr. 101, 48165 Münster

e-mail: KretzschmarVerlag@t-online.de
www.hk-media.de
www.westfalenwege.de
instagram.com/westfalenwege

Einstieg

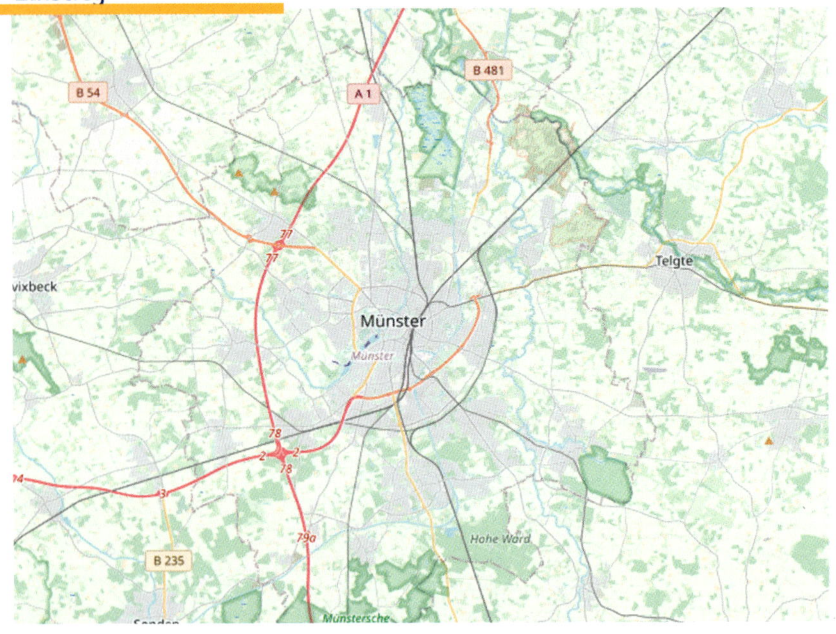

Die Naherholungs- oder Naturgebiete sind nicht mehr als zehn Kilometer von Münster entfernt.

www.openstreetmap.org

Zehn kleine Naturoasen

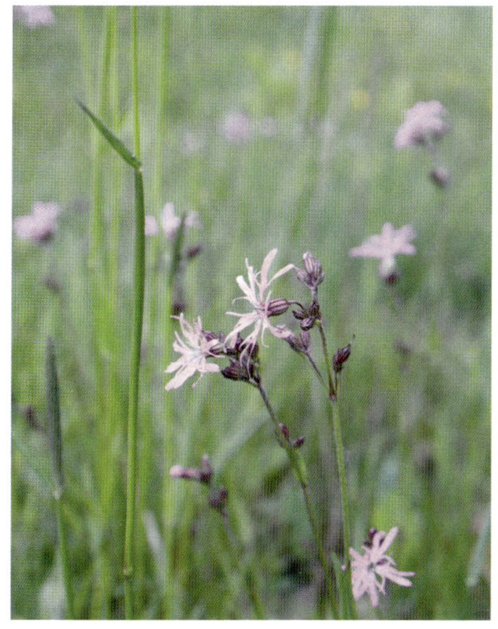

Zehn kleine Oasen, und das vor den Toren Münsters. Kleine Auszeiten in der Natur. Abschalten vom Alltag und gleichzeitig die natürliche Umgebung Münsters schätzen lernen. Es sind meist ausgewiesene Schutzgebiete, oft natürlichen Ursprungs, jedoch von Menschenhand weiter entwickelt.

Wie die Rieselfelder, einst die Kläranlage in Münsters Norden, die dank Bürgerproteste nicht einem Gewebegebiet zum Opfer fiel, sondern zugunsten der Vogelwelt erschaffen wurde. Auch die Wacholderheide wird dank einer Schafbeweidung in ihrer Eigenschaft erhalten. Sehenswert sind auch die weitläufigen Emsauen, die vielen Tierarten ein Zuhause bieten.

Im Süden Münsters erschließt sich auf der einen Seite ein großes Waldgebiet, der Wolbecker Tiergarten, auf der anderen Seite die Hohe Ward, die Davert, das angrenzende Venner Moor und ein künstlich geschaffenes Gartenensemble der Alexianer rund um den Sinnespark in Amelsbüren.

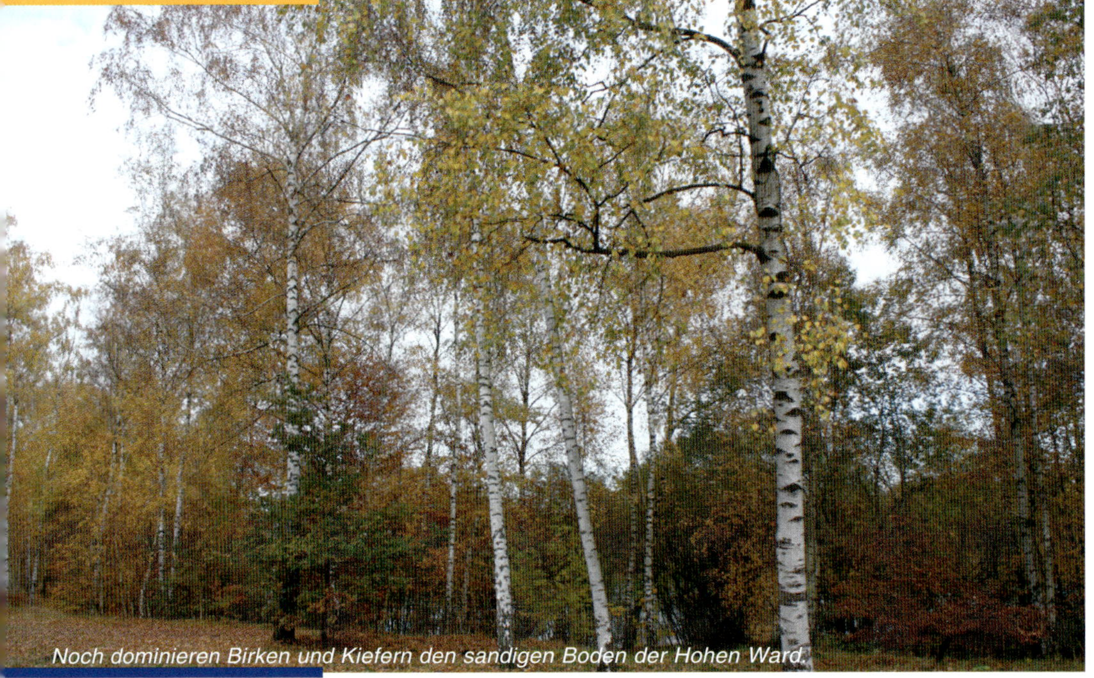

Noch dominieren Birken und Kiefern den sandigen Boden der Hohen Ward.

Wo Elfenkönig und böse Geister durch die Wälder streiften – die Hohe Ward

Wälder haben immer eine Geschichte. Mitunter halten sie gruselige Umstände bereit, um die sich Mythen und Sagen ranken. Wie bei dem Elfenkönig Goldemar, der nachts durch die Wälder streifte. In Höhe der Reithalle Albersloh blickt seine Holzskulptur des Künstlers Ben Uhlenbrock in die Wälder, die der König noch heute durchstreift, wenn man nur aufmerksam genug ist und dem Rauschen der Blätter zuhört. Aber auch wahre Geschichte findet sich mitunter in den Tiefen der Wälder. Noch heute zeugen Stätten, wie es sich damals abgespielt haben könnte. Wie beim Galgenknapp in Höhe des Wasserwerkes, einer früheren Gerichtsstätte, bei der über

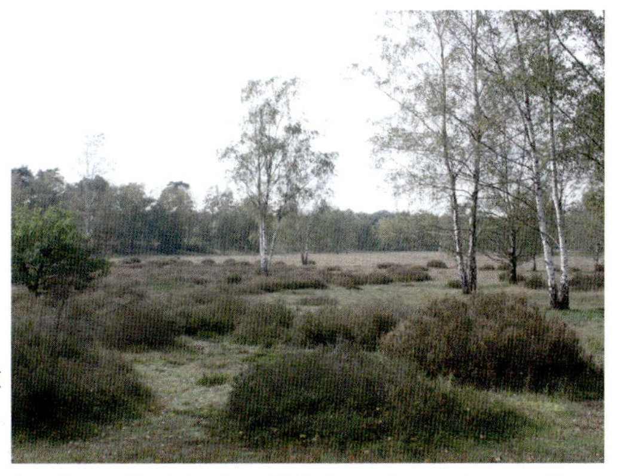

Gut und Böse entschieden wurde. Auch manche Hexen dürfte dieses Schicksal ereilt haben. Ausgrabungen förderten in nicht weiter Entfernung dreizehn Skelette zutage, höchstwahrscheinlich Räuber, die durch Galgen erhängt wurden. Ihre Schädel waren mit Nägeln durchbohrt. Man wollte sie mundtot machen. Während in früheren Zeiten Jäger, Sammler und später Händler die Hohe Ward durchstreiften, ist sie heute ein beliebtes Naherholungsgebiet und Ausflugsziel. Nur einige Kilometer südlich von Münster entfernt bietet sie einen vielfältigen Naturraum, der sich als Teil des "Münsterländer Kiessandzuges" definiert. Dieser hatte sich in der Saale-Eiszeit abgelagert und liegt nun ein wenig höher als das Umland. So gedeihen auf den Sandböden Kiefernwälder, die auf der ehemals ausgedehnten Heidelandschaft vor über 200 Jahren aufgeforstet wurden. In den lehmigen Randgebieten dominieren Eichen- und Hainbuchen, die allmählich die Kiefern verdrängen, nicht zuletzt wegen des Orkans Kyrill, der im Jahr 2007 regelrechte Verwüstungen in den Kiefernwäldern angerichtet hatte. Zusätzlich wurden diese so genannten Windwurfflächen durch Buchen-Mischwälder ersetzt. So ergibt sich allmählich ein völlig neues Landschaftsbild, das vielen Arten einen natürlichen Lebensraum bietet. Dank des Kiessandzuges mit seiner hervorragenden Filterwirkung ist ein Teil der Hohen Ward als Wasserschutzgebiet ausgewiesen. Sehenswert ist das über hundert Jahre alte Wasserwerk, das heute mit modernster Technik ausgestattet ist. Es kann nach Absprache und zum Tag des Denkmals Mitte September besucht werden. So führen auch viele Sandwege durch das Waldgebiet, das besser zu Fuß zu erkunden ist. Mit dem Rad eignet sich der so genannte Schwarze Weg, der vorbei am Wasserwerk bis nach Albersloh führt und mit schönen Landschaftsbildern lockt. Neu ist ein Klima-Lehrpfad der Nabu-Naturschutzstation Münsterland (Nabu) in Kooperation mit dem Landesbetrieb Wald und Holz NRW, der am Westrand der Hohen Ward beginnt und viel Wissenswertes vermittelt und somit eine hervorragende Gelegenheit bietet, die Gegend zu erkunden. Der Lehrpfad macht auf das Ökosystem Wald mit seinen vielfältigen Bewohnern aufmerksam und zeigt den Weg der Fotosynthese auf, bei der die Blätter CO_2 aufnehmen und "Traubenzucker" für die Ernährung des Baumes zur

Verfügung stellen, wobei sie gleichzeitig als "Nebenprodukt" Sauerstoff an die Umwelt abgeben. Zudem filtert die Waldluft Schadstoffe und gibt Duftstoffe (ätherische Öle) ab, die zum allgemeinen Wohlbefinden während eines Waldspaziergangs (Waldbaden) führen. Gleichzeitig zeigt der Lehrpfad Möglichkeiten auf, wie ein CO_2-Ausstoß weitgehend vermieden werden kann. Denn das Treibhausgas CO_2 und auch Methan sind meist menschengemacht durch die Verbrennung von Fossilien,

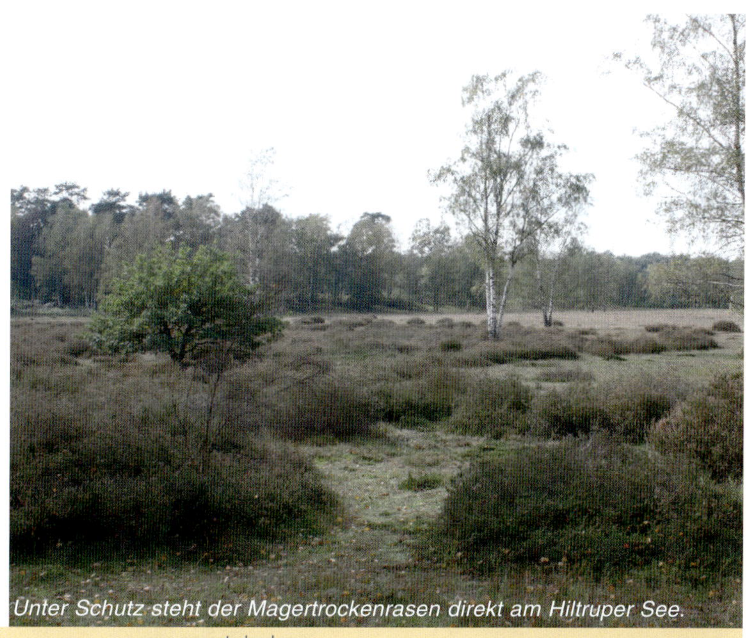

Unter Schutz steht der Magertrockenrasen direkt am Hiltruper See.

die bei der Erzeugung von Strom, Gas und Kraftstoffen verwendet werden. Auch das durch Viehhaltung verursachte Methan trägt zur Klimaerwärmung bei. Sehenswert ist der Hiltruper See, der frühere Steiner See. Er entstand, als dessen Sand für den Bau der Eisenbahnstrecken Münster-Capelle verwendet wurde. Seine umgebenden Heide- und Sandmagerrasenflächen stehen unter besonderem Schutz. Um den See, der früher als Badesee diente, lohnt der etwa zwei Kilometer lange Rundweg mit einem Blick auf viele Wasservögel. Im Frühjahr sieht man oft den Haubentaucher, der seine Küken unter seine Fittiche nimmt. Eine kleine Einkehr bietet das Hotel Krautkrämer, sportliche Aktivitäten der Erste Tennisclub, eine Segelschule und ein Trimmpfad.

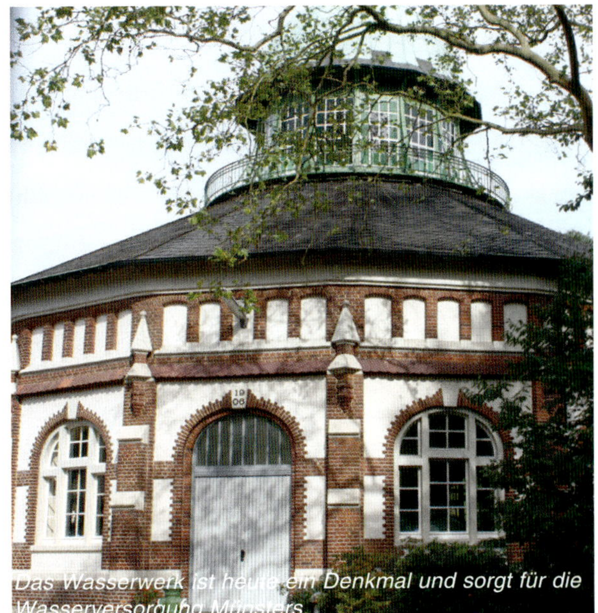

Das Wasserwerk ist heute ein Denkmal und sorgt für die Wasserversorgung Münsters.

Nabu-Naturschutzstation Münsterland

Nur die stark befahrene B 54 trennt die Hohe Ward von der Davert. Ein Schild "Tor zur Davert" weist auf das westlich gegenüberliegende barrierefreie Naturerlebnisgebiet am Haus Heidhorn hin. Der ehemalige Gutshof wurde 1235 erstmals urkundlich erwähnt. Die Kaufmannsfamilie Josef Hötte nutzte ihn als Sommerresidenz. Sie fand auf dem Gelände mit der hauseigenen Kapelle ihre letzte Ruhe. Lange diente das als Stiftung überführte Haus Heidhorn als Schwesternwohnheim, später als Seniorenheim der katholischen Brüderschaft der Alexianer und ist heute Sitz der Nabu-Naturschutzstation. Mit Bauerngarten, Biotoperlebnisgarten mit Barfußpfad, Bienenhaus und Walderlebnisraum mit einem über einen Kilometer langen Lehrpfad bietet die Nabu-Naturschutzstation Münsterland nicht nur ein barrierefreies touristisches Highlight, sondern ist auch ein hervorragender Ort des

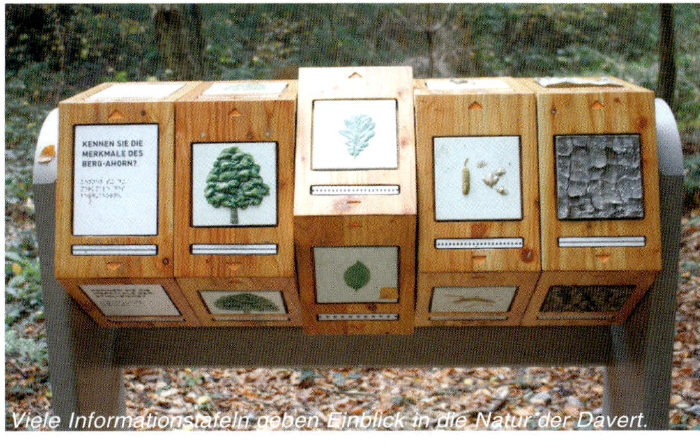

Viele Informationstafeln geben Einblick in die Natur der Davert.

Natur-Oase 1

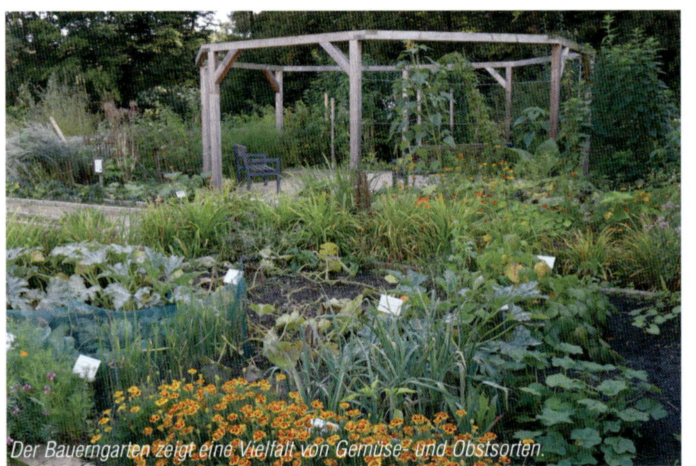
Der Bauerngarten zeigt eine Vielfalt von Gemüse- und Obstsorten.

fachlichen Naturschutzes und der Bildungsarbeit. Verschiedene Lebensräume mit Wiese, Teich und Moor, Heide und Sandmagerrasen können hier erfahren werden, interaktive Tafeln vermitteln das dazu gehörige Wissen. Zu Haus Heidhorn gehört ein großzügig angelegter Park mit kleinen Teichen. Von den Stegen aus genießt man einen herrlichen Blick über die Gewässer hinaus in die benachbarte waldreiche Natur, die angrenzende Davert. Im Sommer grasen auf dem Nabu-Gelände Schafe, die die Landschaft offen halten und auch für pädagogische Zwecke gehalten werden.Ein Picknickplatz sowie zahlreiche Sitzgruppen laden zum Ausruhen und Verweilen ein. Das Naturerlebnisgebiet ist jederzeit ohne Anmeldung und kostenlos zugänglich.

Breitengrad: 51°52' 53' N
Längengrad: 7° 41' 24' O

www.nabu-naturschutzstation-muensterland.de

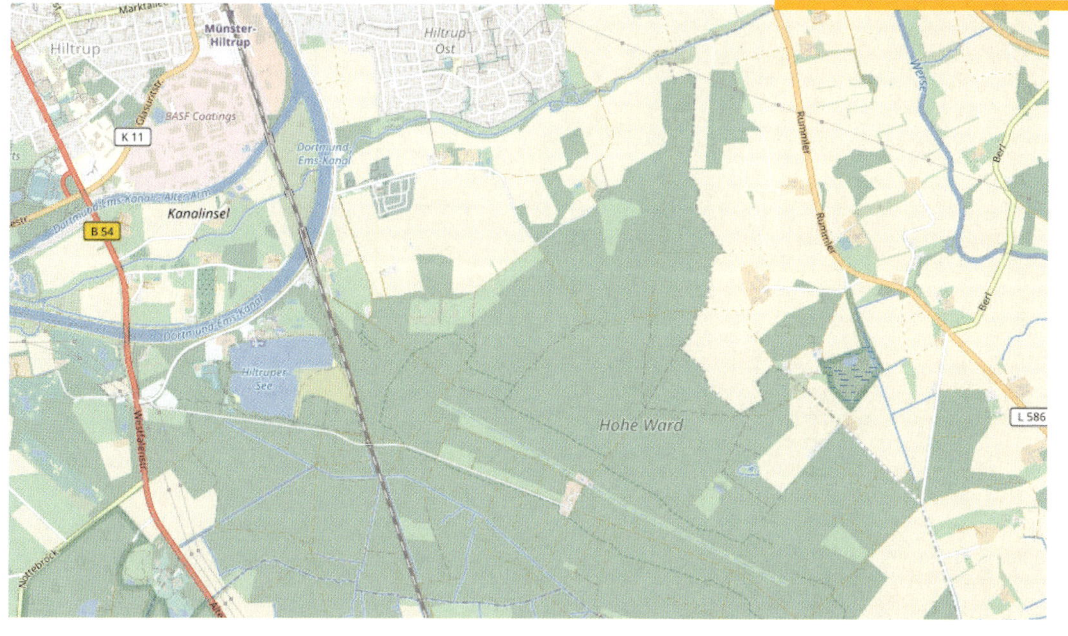

www.openstreetmap.org

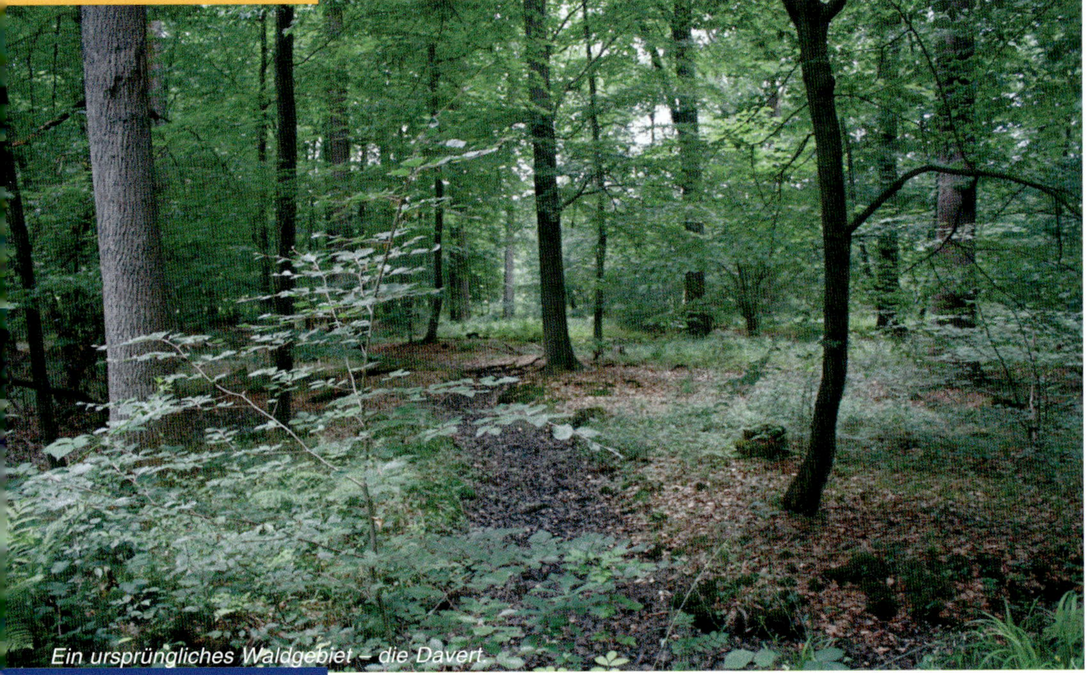

Ein ursprüngliches Waldgebiet – die Davert.

Von obskuren Gestalten, Naturwaldzellen und Koniks – die Davert

Fast ursprünglich zeigt sich eine der größten zusammenhängenden Laubwälder des Münsterlandes – die Davert. In früheren Zeiten war die Sumpflandschaft fast nahezu leer. Überall lugten seltsame Gestalten im dichten Dickicht so furchteinflößend hervor, dass sich keine ehrliche Seele in den Wald traute. Kein Wunder, dass gruselige Sagen und Spukgeschichten am bäuerlichen Herdfeuer erzählt wurden. Heute dienen sie als Grundlage für Krimiautoren, ausgehend vom Spuk der Teufelseiche, von der Folter im Burgturm von Davensberg, von unheimlichen Gestalten wie das Ho-ho-Männchen, vom alten Rentmeister Schenkewald oder von der Jungfer Eli, die sich mit aller Regelmäßigkeit an der sogenannten Teufels-Eiche trafen. Dieser knorrige Baum steht immer noch, nur wenige Meter von Pellengahrs Kreuz entfernt. Nur aufgepasst, wenn die Dämmerung heranbricht und die Geister

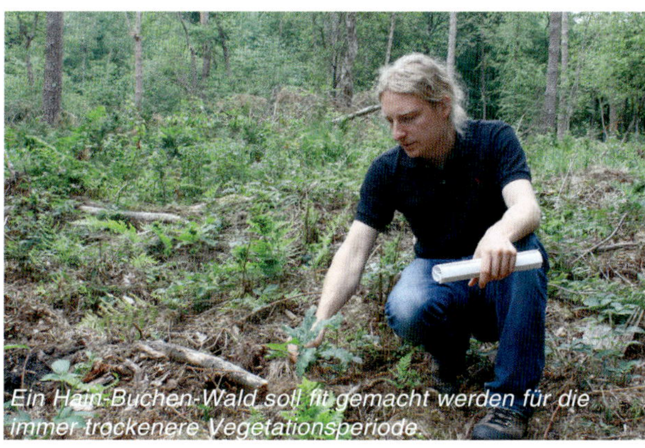

Ein Hain-Buchen-Wald soll fit gemacht werden für die immer trockenere Vegetationsperiode.

sich immer noch treffen und weitere Spukgeschichten verbreiten.
Damals war das Waldgebiet ungemein größer als es heute ist. Dennoch hat es in einigen Gegenden an seiner Anziehungskraft nicht verloren. Die als Fauna-Flora-Habitat-Gebiet (FFH-Gebiet) ausgewiesene Davert mit ihren knorrigen Eichen, Brüchen und Sümpfen erstreckt sich von

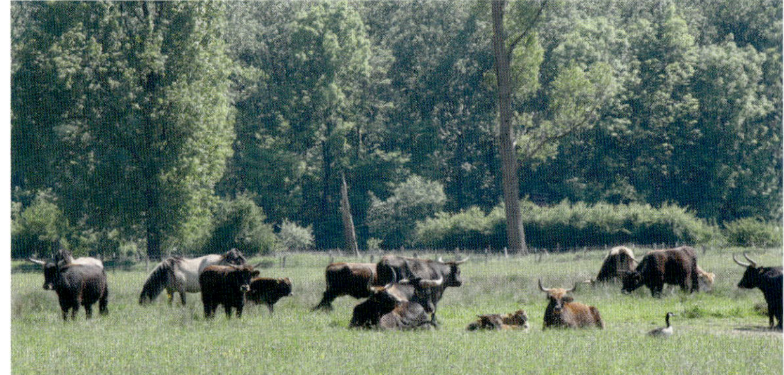

Koniks und Heckrinder pflegen die offene Weidelandschaft entlang der Emmerbachaue.

Amelsbüren bis nach Davensberg und bietet viele fast einsame Wanderwege. Sie werden umsäumt von Wiesen und Naturschutzgebieten, die auch von Wildschweinen durchkreuzt werden. Manchmal lassen sich seltene Greifvögel wie der Rotmilan oder der Buntspecht entdecken, auch der Kammmolch lässt sich blicken. Bis zu 35 Schmetterlingsarten breiten ihre zarten Flügel in den Sommermonaten aus. Zu Recht trägt ein Teil der Davert den Titel Schmetterlingswald. Entlang der Emmerbachaue zwischen Amelsbüren und Davensberg zieht sich ein

Natur-Lehrpfad durch eine offene Nabu-Weidelandschaft, in der rückgezüchtete Auerochsen, die Heckrinder, zusammen mit den Konik-Pferden für die Landschaftspflege sorgen.
Sie bilden einen Teil der historischen Nachfolge der so genannten "Davertnickel", einer heute fast vergessenen Ponyart. Ein Aussichtsturm gibt den Blick frei auf das weitläufige Weidegelände. Tisch und Bänke laden dort zu einem kleinen Picknick ein.

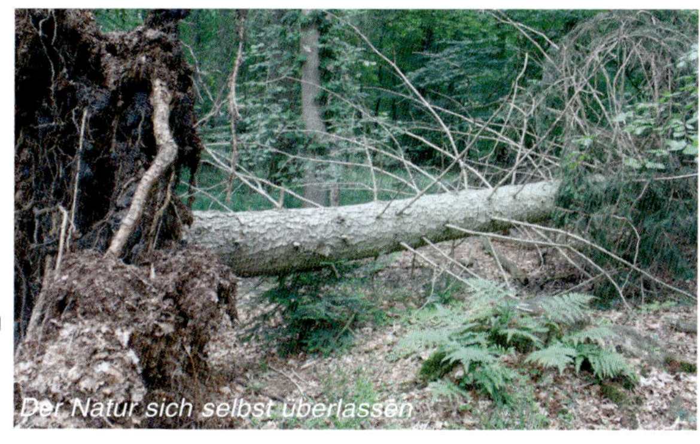
Der Natur sich selbst überlassen

In Kooperation mit dem Landesbetrieb Wald und Holz NRW hat die Nabu-Naturschutzstation Münsterland ein vielfach gefördertes Projektes "Fit für den Klimawandel" erarbeitet. Ziel des Projektes "Naturwaldzelle Amelsbüren" ist es, einen 14,6 Hektar Hain-Buchen-Wald für die immer trockenere Vegetationsperiode fit zu machen und somit auf den Klimawandel zu reagieren. So wurden in der Davert, die an den Klima-Lehrpfad in der Hohen Ward angrenzt, Entwässerungsgräben zurükkgebaut, um so den Hitze- und Trockenstress der Bäume zu mindern und CO_2 zu binden. Denn neben den Meeren und Mooren ist der Wald der größte CO_2-Speicher auf der Erde. Ebenfalls wurden Altholzinseln errichtet mit dem Ziel, das natürliche Ökosystem Wald wiederherzustellen. Totholz steht am Anfang eines

Natur-Oase 2

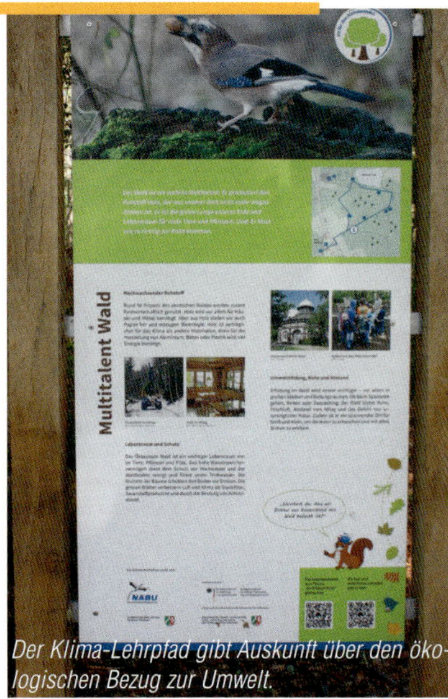

Der Klima-Lehrpfad gibt Auskunft über den ökologischen Bezug zur Umwelt.

Zersetzungsprozesses und dient dem Aufbau neuen Lebens. Bei diesen Prozessen gilt der Borkenkäfer als Pionier und ist Teil eines funktionierenden Mischwaldes. Neben weiteren Insekten und Milben folgen viele mikrobiologische und mykologische Prozesse, die am Um- und Aufbau eines ausgewogenen Waldbodens mitwirken und damit wertvolle Nährstoffe zur Verfügung stellen und neues Leben hervorbringen. Diese Umwandlung von Totholz zu Waldhumus kann Jahrzehnte dauern. Ein weiteres langfristiges Ziel ist die Anpflanzung verschiedener Baumarten und die Reaktivierung eines Hochmoor-Torfkörpers. So wird die Davert in vielen, vielen Jahrzehnten wieder an die Sumpflandschaft erinnern, die sie einmal war. Wie zu den Zeiten, als noch Nuntius Fabio Chigi während seiner Kutschfahrt auf den Weg zu den Verhandlungen des Westfälischen Krieges dauernd stecken blieb. Nicht nur das, er fluchte auch fürchterlich über das grausam schmeckende Brot, dass die Münsterländer schon zu Zeiten des 17. Jahrhunderts gegessen hatten – den Pumpernickel.

51° 52’ 19” N
7° 38’ 19” O

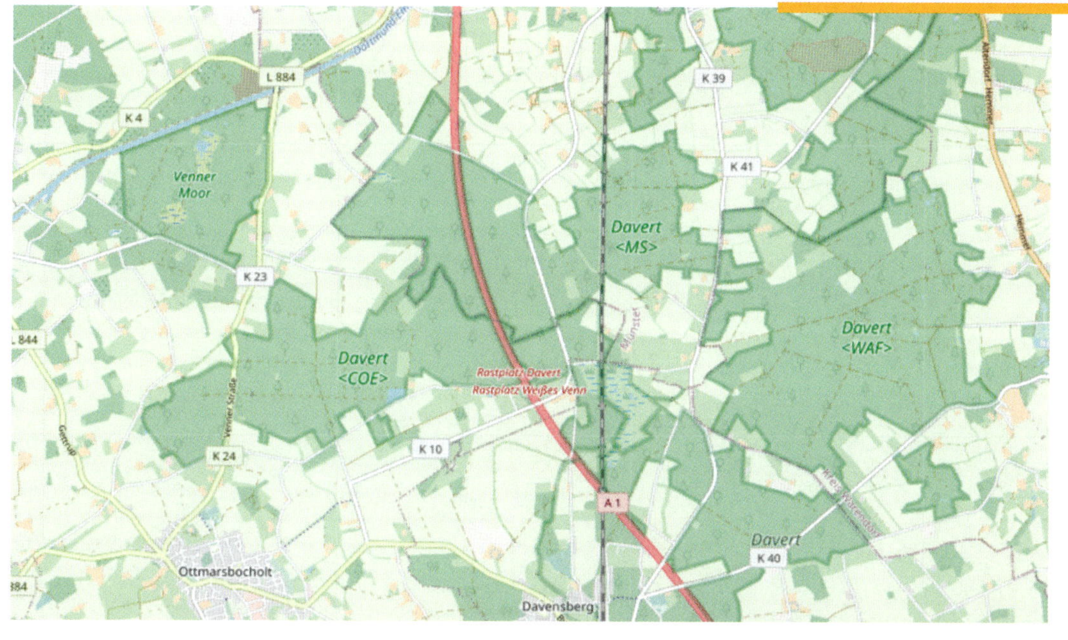

www.openstreetmap.org

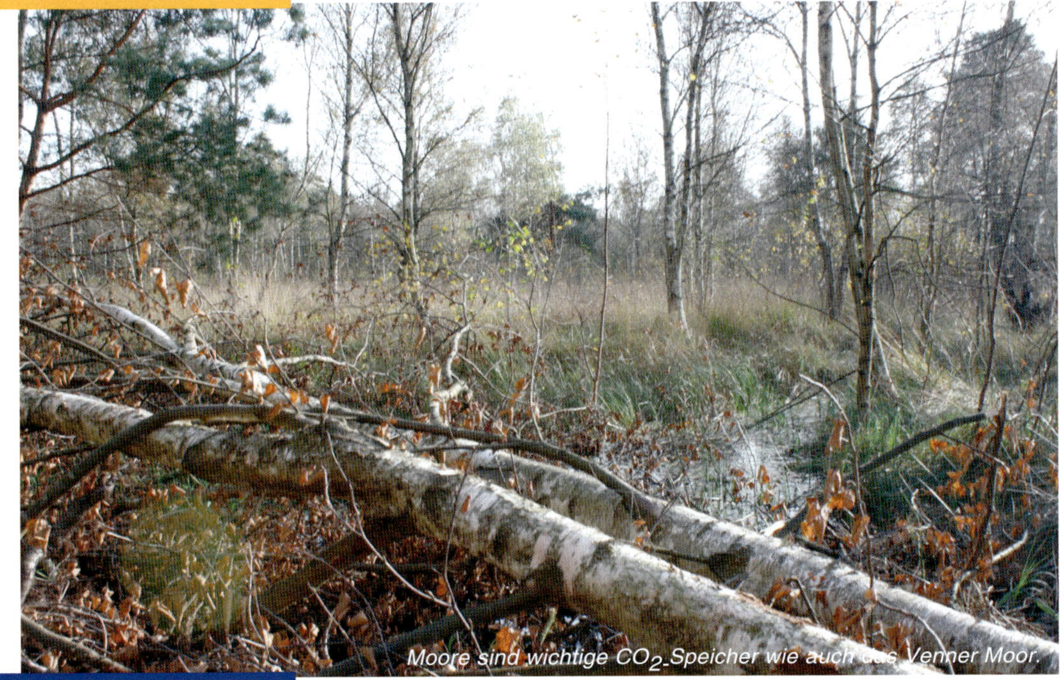

Moore sind wichtige CO_2-Speicher wie auch das Venner Moor.

Von Knaben und Moorhühnern – das Venner Moor

Moore sind von Natur aus mit Mythen und Märchen belegt. Auch für Krimiautoren bieten Moore Grundlagen für so manche Schauergeschichten. Das mag bis vor einiger Zeit vorbei gewesen sein, zumindest seit das an die Davert angrenzende Venner Moor weitgehend durch Torfabbau und den Bau des Dortmund-Ems-Kanals in den Jahren um 1895 trocken gelegt wurde. Dabei hat sich das 148 Hektar große Hochmoor seit vielen Tausend Jahren mit bis zu vier Meter hohen Torfablagerungen gebildet. Wegen der früheren regenreichen Jahre in den Kiefer-Birkenwäldern haben sich in zahlreichen wassergefüllten Senken Torfmoose entwickelt. Durch deren Ausbreitung stürzten die umliegenden Bäume ein und überwucherten sie. In seiner Hochzeit breitete sich so das Hochmoor bis zu einer Fläche von 280 Hektar aus. Mitte des 20. Jahrhunderts blieb nur noch ein sechs großes Hektar Hochmoor bestehen, bis in den 70er Jahren das Forstamt des Kreises Coesfeld die Entwässerungsgräben wieder schließen ließ, so dass sich trotz des geringen jährlichen Zuwachses von nur einem Millimeter Höhe nun wieder großflächige Torfmoosrasen gebildet haben. Seit 1990 wurde das zwölf Kilometer südwestlich von Münster entfernte Venner Moor zum Naturschutzgebiet erklärt. Heute ist es geprägt von niedrigen Birken-Kieferwäldern, zwei größeren, alten Torfstichgewässern und einer kleineren Heidefläche, die regelmäßig freigehalten wird. Betreut wird das Venner Moor vom Regionalforstamt Münsterland und dem Naturschutzzentrum Kreis Coesfeld.

Schaurig ist's über's Moor zu gehn, wenn es wimmelt vom Heiderauche, sich wie Phantome die Dünste drehn und die Ranke häkelt am Strauche, unter jedem Tritte ein Quellchen springt, wenn aus der Spalte es zischt und singt, o schaurig ist's übers Moor zu gehn, wenn das Röhricht knistert im Hauche! Annette von Droste-Hülshoff

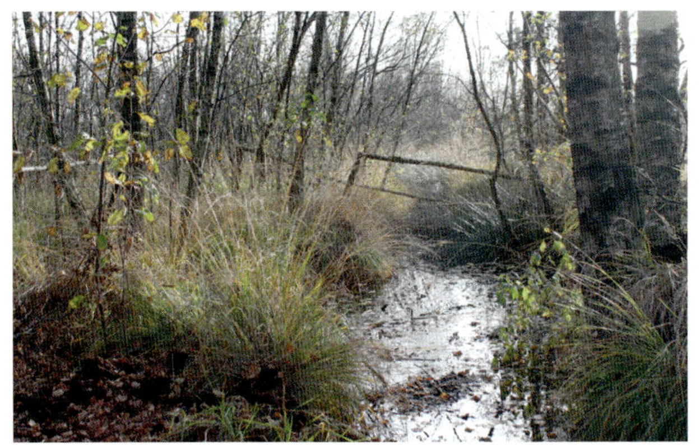

Wer aufmerksam auf den zwei Rundwegen wandert, kann das Glück haben, neben den moortypischen Pflanzen und Tieren wie die Moorlibellenarten auch die seltene Kreuzotter entdecken. Sie ist mit ihrem deutlichen Zickzackband dunkler gefärbt als in anderen Gebieten und somit ideal getarnt. Stimmen sagen, dass so mancher Besucher bereits auf Moorhuhnjagd gewesen sei.

51° 51' 35" N
7° 32' 31" O

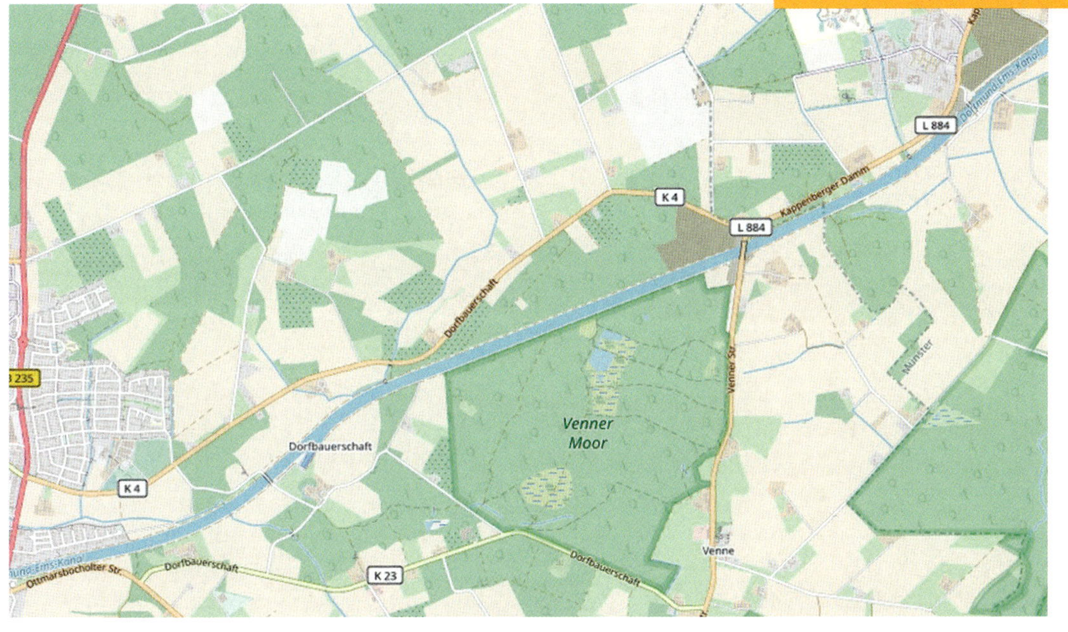

www.openstreetmap.org

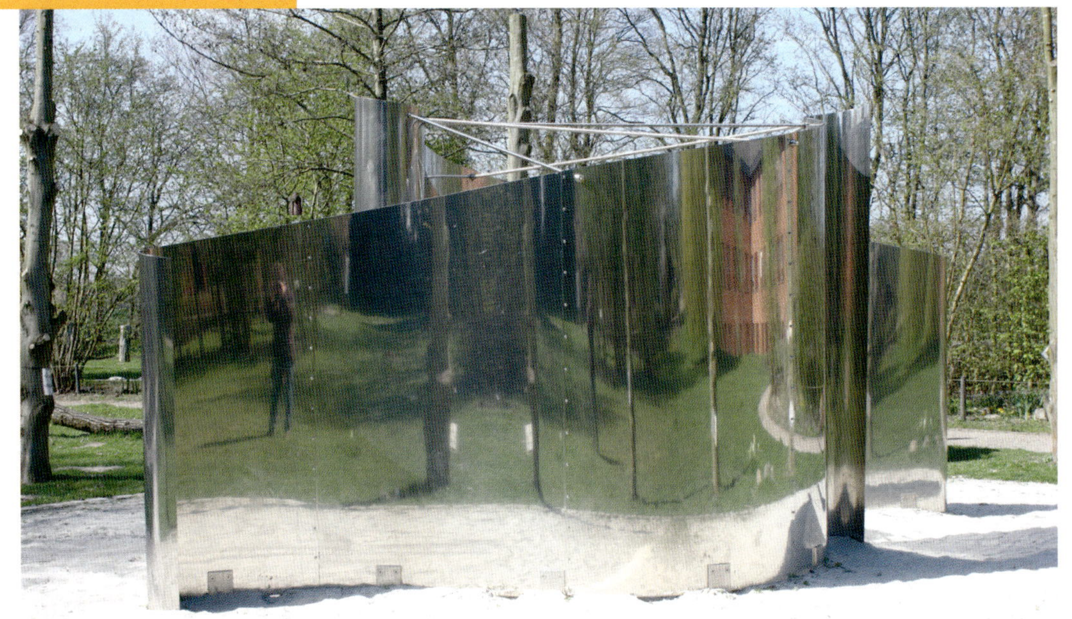

Der Sinnespark Amelsbüren lockt mit vielen Erfahrungsstationen.

Hugo Kükelhaus lässt grüßen – der Sinnespark Amelsbüren

Buchstäblich sinnhafte Auszeiten bietet der Campus der Alexianer. Das umfassende zwei Hektar große Gelände ist gut mit dem Fahrrad erreichbar, indem man entlang des Dortmund-Ems-Kanals in Richtung südliches Amelsbüren fährt. Sehen, Tasten, Fühlen, Hören, Riechen: Das sind die Hauptelemente des Sinnesparks, der in zweijähriger Bauzeit nach den Ideen des Künstlers Hugo Kükelhaus gestaltet und 1994 eingeweiht wurde. Sinne sind überlebenswichtige Erfahrungen, mit ihnen lernen wir die Welt kennen. Ohne unsere Sinne wäre die Welt ärmer, fast nahezu nutzlos. So laden 13 Erfahrungsstationen ein, den Sinnespark sinnlich zu nutzen und auch Begegnungen mit den Bewohnern des Alexianer-Krankenhauses zu ermöglichen und damit Barrieren unterschiedlicher

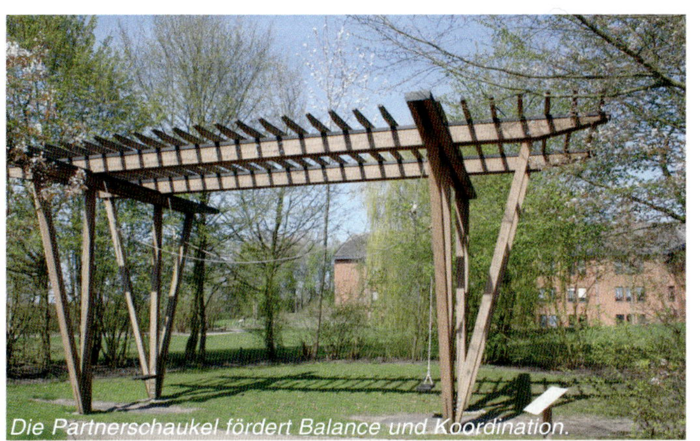
Die Partnerschaukel fördert Balance und Koordination.

Menschen abzubauen. Der Park wird so auch therapeutisch genutzt. Von Hugo Kükelhaus inspiriert fördern Hörrohre, Summstein, Lithofon, De Bellebak, Murmelturm oder klingende Basaltsäulen vor allem das Hören, während begehbare Objekte die Schule des Sehens und Gehens wie der Barfußpfad und die Spiegelskulptur fördern. Hinzu kommen ein Kräutergarten, ein mit Seerosen durchtränkter kleiner See sowie kleine naturnahe Nischen und Winkel, in die man sich zurückziehen oder einfach nur hindurchgehen kann. Eine Partnerschaukel ermöglicht durch die partnerschaftlich erzeugten Schwingungen ein aktives Geben und passives Nehmen.

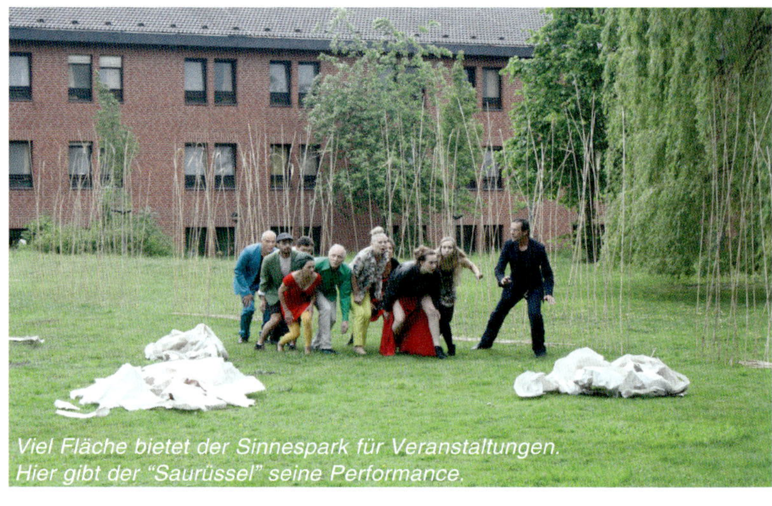

Viel Fläche bietet der Sinnespark für Veranstaltungen. Hier gibt der "Saurüssel" seine Performance.

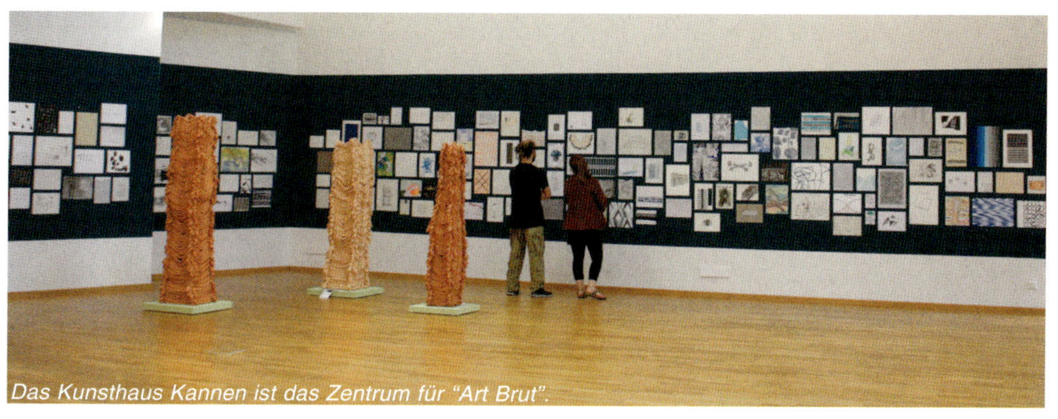

Das Kunsthaus Kannen ist das Zentrum für "Art Brut".

Am Rande des Sinnesparks grunzen Schweine, meckern Ziegen – das reinste Idyll. Unter einem stetig wechselnden Motto lockt ein jährlich stattfindendes Sinnesfest eine stetig wachsende Zahl an Besucher aus nah und fern. Es ist ein farbenfrohes Fest mit vielen Mitmachstationen und Kulinarik aus den Alexianer-Werkstätten. Live-Musik mit integrativen Bands macht das Fest stimmig. Komplettiert wird die Anlage durch das Kunsthaus Kannen mit dem Schwerpunkt "Art Brut" und wechselnden Ausstellungen sowie das neue Hotel Am Wasserturm.

www.hotel-am-wasserturm.de

Einfach abschalten vom Alltagslärm – Garten der Stille

Weniger turbulent ist ein 5000 Quadratmeter großer Park mit neun von Hecken abgegrenzten Themengärten. Auf teils überdachten natürlichen Ruheplätzen mit Blick auf den kleinen Teich lässt sich der Ort der Stille besonders genießen. Sei es das Zwitschern der Vögel, das Plätschern des Wassers oder das Rauschen der Blätter – das Lauschen fördert auch hier die Sinne. Sich selbst oder die Natur wahrnehmen, meditieren oder einfach abschalten vom Lärm des Alltags.

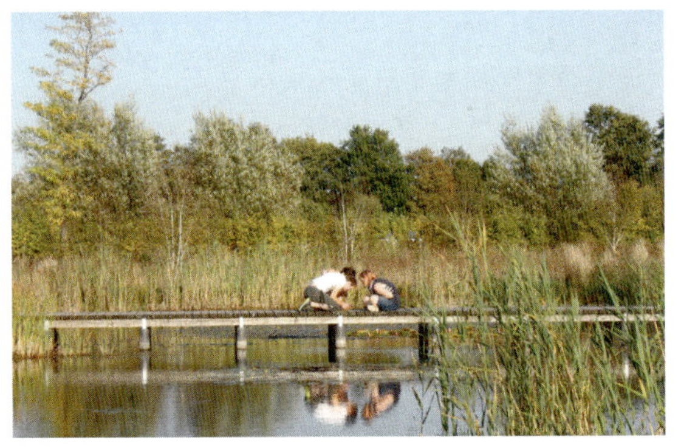

Achte auf das feine unaufhörliche Geräusch, es ist die Stille. Horche auf das, was man hört, wenn man nichts mehr vernimmt.

Paul Valery

Der 2017 eingeweihte Garten der Stille wird auch therapeutisch genutzt und ist frei zugänglich. Auch ein Abstecher in die nebengelegene Klostergärtnerei lohnt sich.

51° 51° 35" N
7° 32' 31 " O

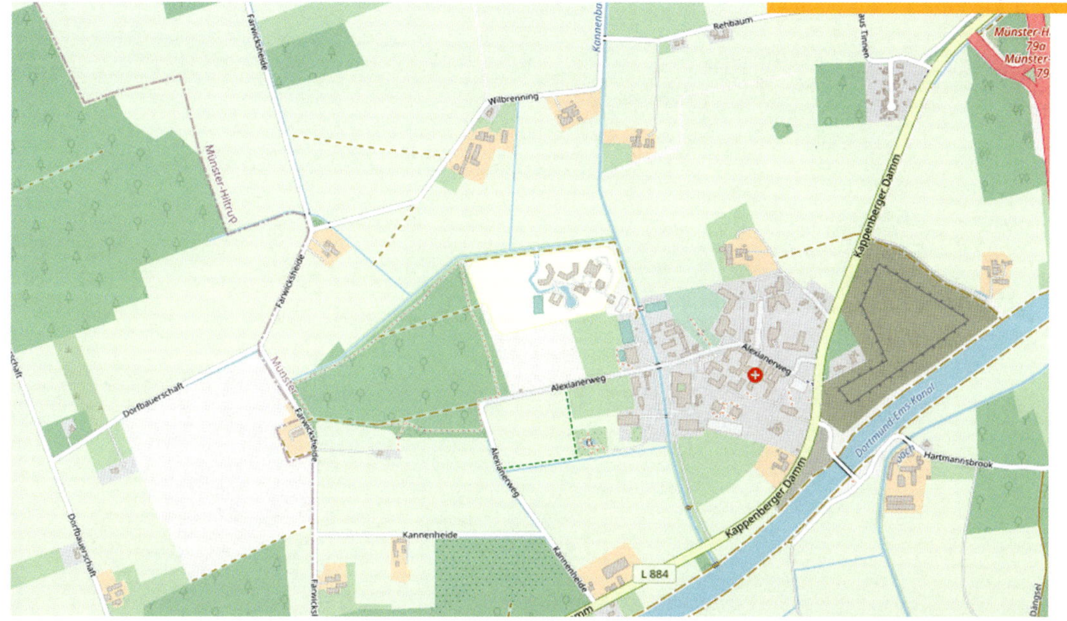

www.openstreetmap.org

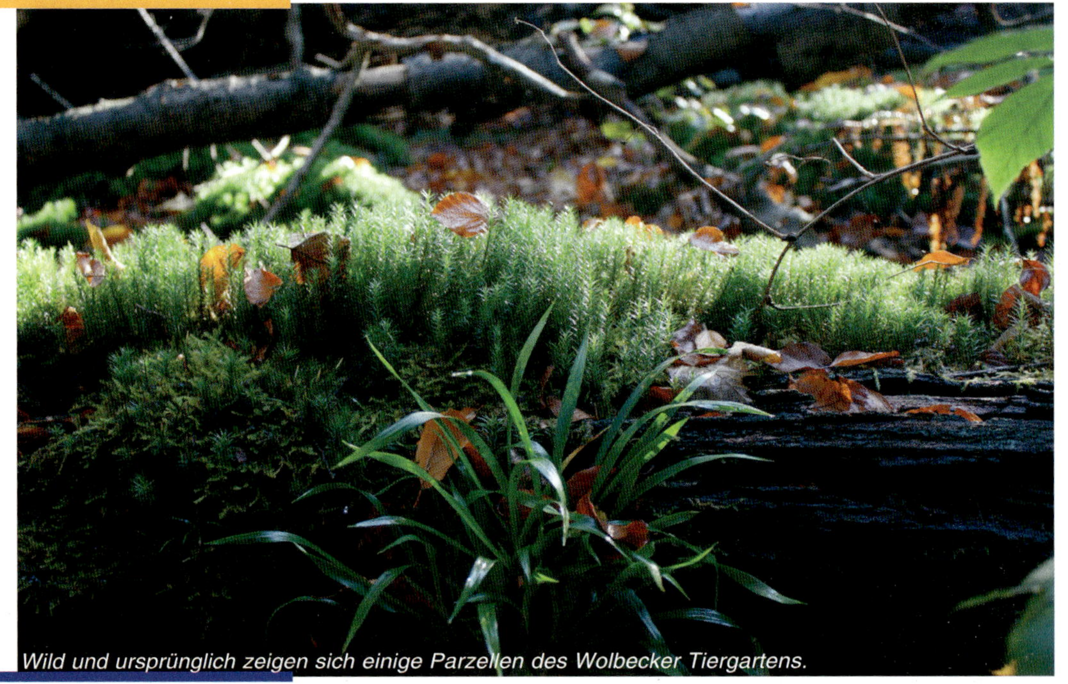

Wild und ursprünglich zeigen sich einige Parzellen des Wolbecker Tiergartens.

Wo einst die illustre Gesellschaft zu jagen pflegte – der Wolbecker Tiergarten

Es muss wohl fast eine Tagesfahrt gewesen sein, um mit der Kutsche vom Residenzschloss Wolbeck zum Fürstbischöflichen Jagdhaus zu gelangen. Nur die Vermögenden, die Offiziere und die Jagdbegeisterten dürften in diesen Genuss gekommen sein, um an dem illustren Jagdgeschehen teilzunehmen. Da könnte auch der Sauspieß, eine Lanzenart, zum Einsatz gekommen sein, mit dem die angeschossenen Wildschweine erlegt wurden. Was letzten Endes auch eine Mutprobe war. Derart lauerte die Jagdgesellschaft dem Schwarzwild auf, das im Garten des ehemaligen Jagdschlosses zusammen getrieben wurde.

Es war eine gemütliche Jagd, so gemütlich, dass die Herren im Obergeschoss, in der so genannten Bel Etage, aus den drei Fenstern dem Jagdtreiben folgen konnten.

Heute ist es das Schlafzimmer der heutigen Besitzerin. Die Fenster sind inzwischen zugemauert. Erbaut hatte das Jagdschloss Franz Arnold von Wolf-Metternich zu Gracht nach Plänen des Barockbaumeisters Gottfried Laurenz Pictorius im Jahre 1712. Nach der Säkularisation im Jahre 1803 wurde hier die Försterei untergebracht, und da die Lage auch für Ausflügler so attraktiv war, kam Förster Dinter auf die Idee, eine Kaffeewirtschaft in der Zeit von 1904 bis 1912 zu betreiben. Für die Offiziere aus Münster war das Kaffeehaus ein beliebtes Ausflugsziel, auch um junge Damen zu treffen.
Das einstige Jagdschloss liegt mitten in einer Perle für ganz Westfalen im Wolbecker Tiergarten mit seinem

Artenreichtum und seiner außergewöhnlichen Geschichte. Der ehemalige fürstbischöfliche Wald mit seinen 270 Hektar zählt zu den letzten historisch alten Wäldern. Viele gefährdete Arten wie Flechten, Pilze und Insekten sind das Ergebnis eines fein abgestimmten Zusammenspiels eines sich selbst überlassenen Stücks Natur, einem so genannten FFH- (Flora-Fauna-Habitat-) Gebiet. Fehlt eine der Arten, bricht das ökologische Gefüge zusammen. Beispiel Feuersalamander. Der alte Waldbestand mit seinen Laubbäumen, den stehenden und fließenden Gewässern gibt ihm den nötigen Lebensraum. Wird der Wald zerstört, stirbt der Feuersalamander. Ein Umzug ist für ihn unmöglich. Beispiel Flatterulme. Sie steht auf der Roten Liste 2, also stark gefährdet. Wenn sie stirbt, wird auch der Ulmenzipfelfalter, der sich auf diese Baumart spezialisiert hat, ausgerottet. Dass sei auch die Krux vieler aus Nordamerika importierter Bäume und Pflanzen, an die sich die einheimische

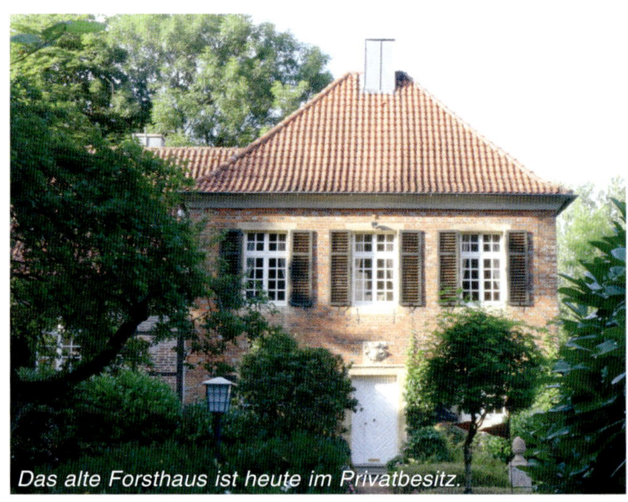
Das alte Forsthaus ist heute im Privatbesitz.

Tierwelt nicht angepasst hat. Eine fast hundert Jahre alte Flatterulme hat ihre flachen Brettwurzeln an der Seufzerallee mit Blick auf die Wiese, auf der damals die Pestopfer begraben wurden, aufgeschlagen. Weitere Exemplare der Flatterulme sind nun auch auf der 30 Hektar großen Waldumbaufläche zu finden, die der Nabu und der Landesbetrieb Wald und Holz seit 2014 bewirtschaftet. Ziel ist es, die Fläche nahe der Angel im Rahmen des Projektes "Fit für den Klimawandel" in einen naturnahen Auenwald umzuwandeln und damit den feuchten Wald auf die zunehmend trockeneren Vegetationsperioden vorzubereiten. Fichten sind generell nicht für den feuchten Standort geeignet. Gerade in Münsters Süden wie in der Davert und im Venner Moor sind viele Fichten und Douglasien durch Laubbäume ersetzt worden, die fit für den Klimawandel sind. Seit 1906 besteht die 6,3 Hektar große Waldzelle, die seit nunmehr 40 Jahren von jeglicher menschlicher Nutzung ausgenommen ist.

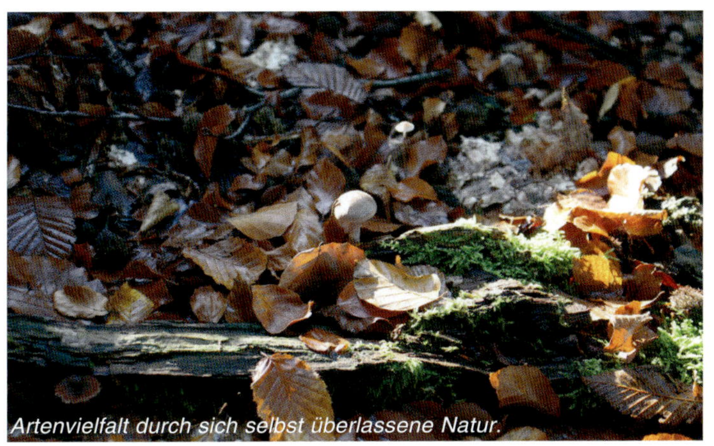
Artenvielfalt durch sich selbst überlassene Natur.

Natur-Oase 5

Hier sammelt sich das Totholz, das als Nahrungsgrundlage für 600 Käferarten dient. Sogar in anderen Gebieten Nordrhein-Westfalens bereits ausgestorbene Arten finden hier ein Zuhause, so der Distelkäfer. Folgerichtig findet man im Wolbecker Tiergarten fünf Spechtarten, die ihre Bruthöhlen bauen. Nur der Mittelspecht braucht wegen seines weniger starken Schnabels alte borkige Eichenbäume. Er trommelt auch nicht wie andere Spechte in der Balz, er quäkt eher. Spechte sind wegweisende Arten für andere Vögel und auch Fledermäuse, die später die Höhlen in Beschlag nehmen. Etwas im Nachteil ist der Trauerschnepper, der als Zugvogel auf die letzten noch unbewohnten Höhen angewiesen ist.

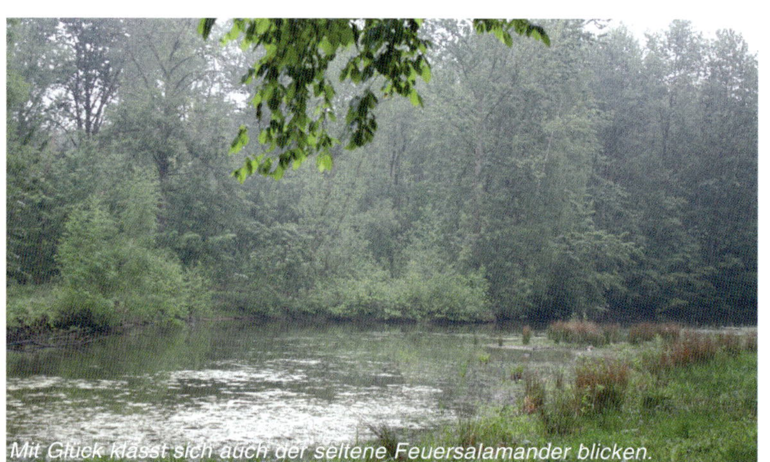

Mit Glück lässt sich auch der seltene Feuersalamander blicken.

51° 54' 14,66 " N
7° 44' 27,48 " O

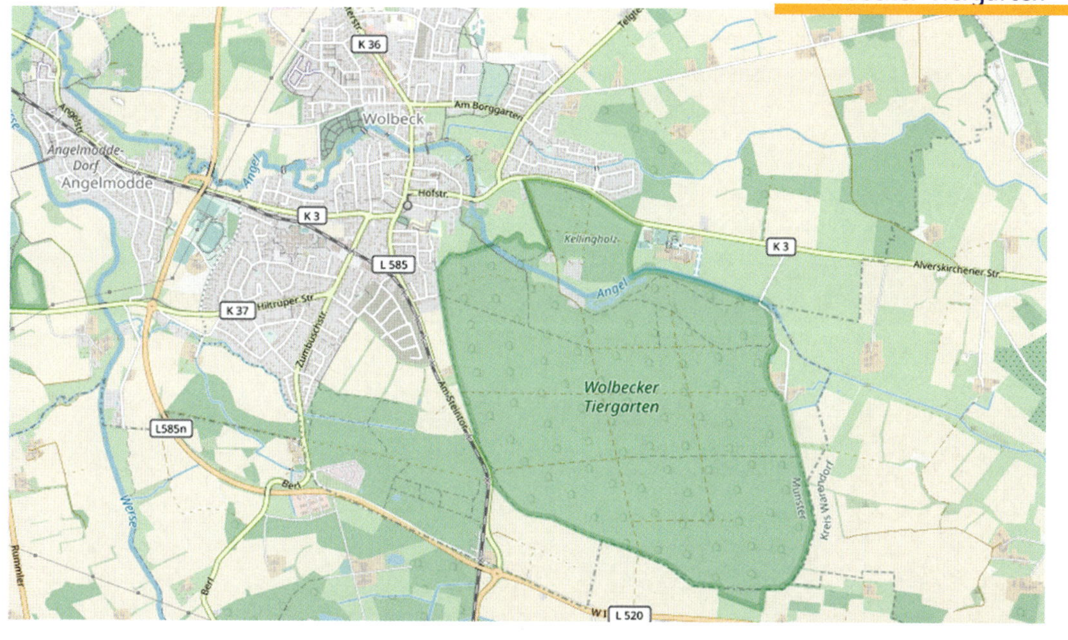

www.openstreetmap.org

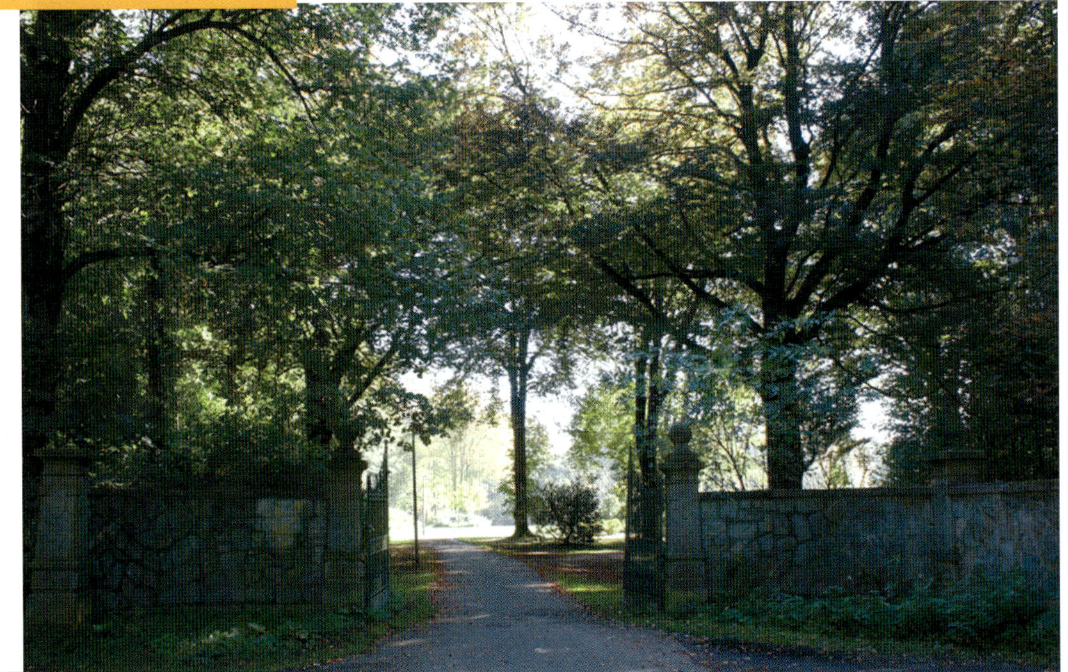

Wo einst die Rotbuche herrschte – der Boniburger Wald

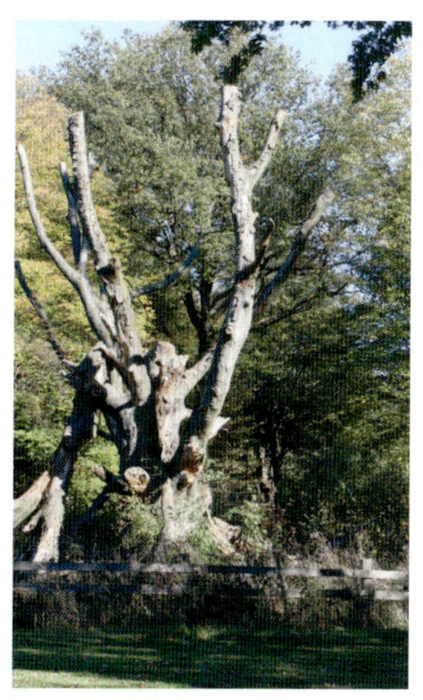

Von der Ende des 19. Jahrhunderts erbauten herrschaftlichen Villa des Reichsgrafen von Hatzfeld-Trachenberg zeugen nur noch eine fast abgetragene Ruine. Zwischenzeitlich diente sie als Kurhaus “Schloss Boniburg”, später als beliebtes Ausflugsziel. Bombardements während des Zweiten Weltkrieges und Brände forderten einen Abriss Ende der Siebziger Jahre. Auch von der ehemaligen Dyckburg am östlichen Stadtrand von Münster zwischen Mauritz und Handorf zeugt nur noch die sehenswerte barocke Kapelle mit ihren zwölf Kreuzwegstationen. Heute laden hochwertige Konzerte in die kleine Kirche ein. Was geblieben ist, ist ein ausgedehnter öffentlich zugänglicher neun Hektar großer Landschaftspark mit einem gut ausgebauten Wanderwegenetz. Der Boniburger Wald wurde nach dem Reichsgrafen Bonifazius benannt. Mit ihm hatte der Reichsgraf sozusagen sein Jagdrevier vor der Haustür. Der asphaltierte Hauptweg mit seiner imposanten Toranlage führte ursprünglich zu der Villa mit Blick auf die Werse. Heute ist die Boniburgallee das Entrée in das Naherholungsgebiet, das zu einem großen Teil naturnah umgestaltet wurde. Ein Wald-Lehrpfad informiert über die heimische Tier- und Pflanzenwelt. Hier sind Eisvogel,

Ringelnatter und viele Spechtarten zu Hause. Eine einst mächtige Boniburgbuche war Wahrzeichen des Buchen- und Eichenwaldes. Ein weiterer Teil wird im Überschwemmungsgebiet der Werse mit ihren Steilufern als Feuchtbiotop entwickelt. Hier finden sich Nasswiesen, Feucht- und Sumpfgehölze, in denen sich eine spezialisierte Tierwelt entwickelt.

Naturdenkmal und Mittelpunkt des Boniburger Waldes war eine über 140 Jahre alte Rotbuche, die so genannte Boniburgbuche. Mit einem Stammumfang von 6,60 Metern war sie Münsters dickster Baum. Durch Pilzbefall ist die Rotbuche mittlerweile in sich zusammengebrochen. Heute zeugt nur noch ein Stumpf des einst mächtigen Baumriesen. Er war Teil des Waldes mit altem Baumbestand aus Rotbuchen und Eichen. Eine Fußgängerbrücke über die Werse verbindet den Boniburger Wald in Handorf mit dem Kloster St. Mauritz, in dem heute Gymnasiasten unterrichtet werden. Besuchermagnet ist die jährliche Krippenausstellung entlang des 1,5 Kilometer langen Weges, der von der Dyckburg aus durch den Boniburger Wald bis zur Kirche St. Petronilla in Handorf führt. Mit über hundert Darstellungen erfreut er sich zunehmender Beliebtheit.

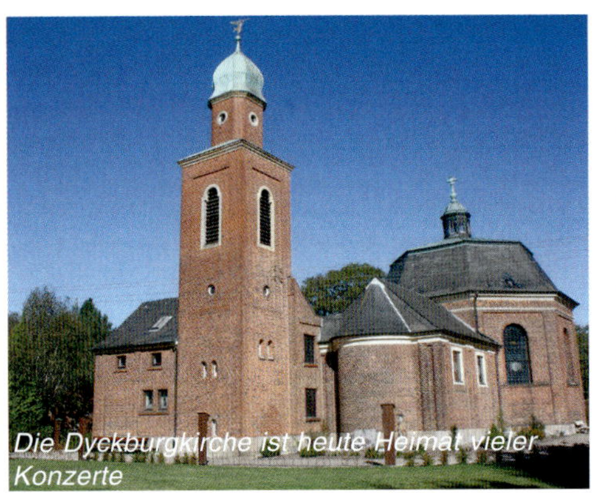
Die Dyckburgkirche ist heute Heimat vieler Konzerte

51° 59' 03" N
7° 41' 04" E

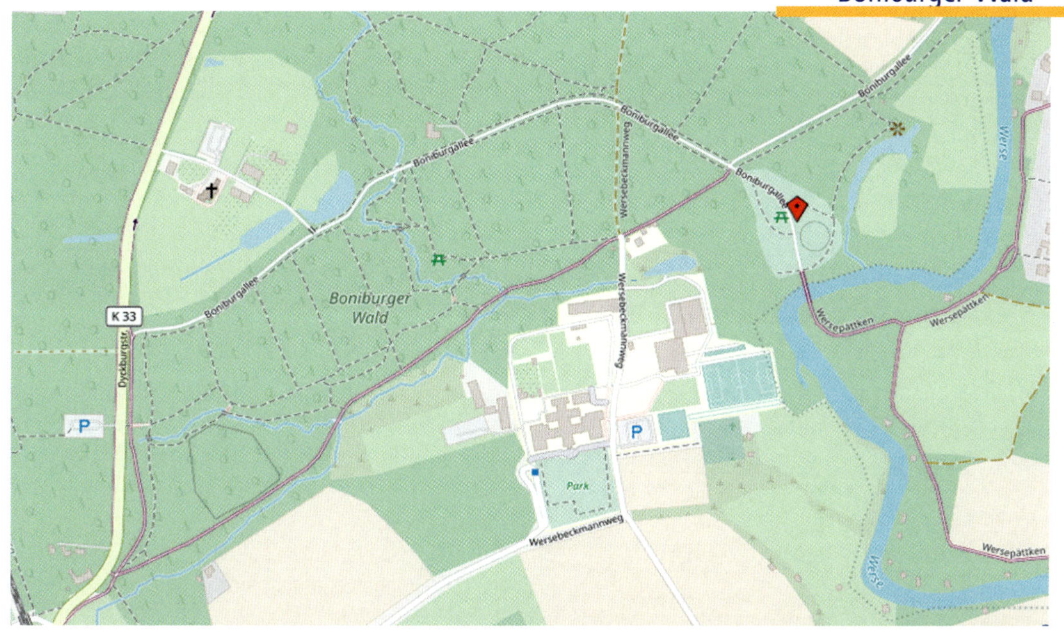

www.openstreetmap.org

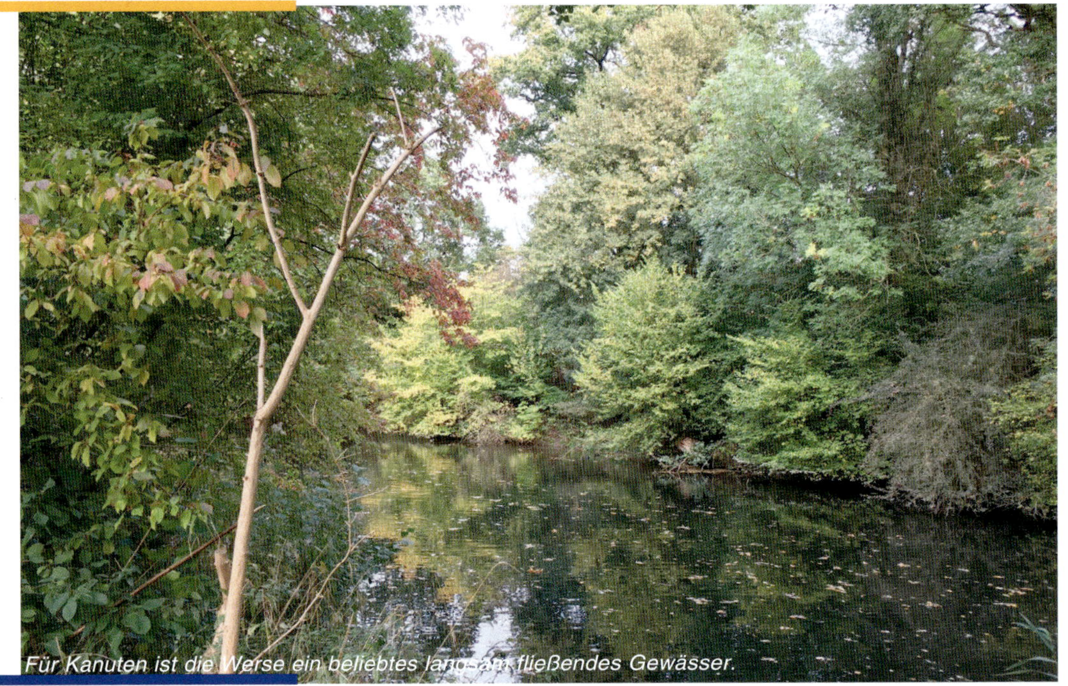

Für Kanuten ist die Werse ein beliebtes langsam fließendes Gewässer.

Ein seichtes Fließgewässer – die Werse mit den Emsauen

Die weitgehend naturbelassene Werse ist ein Eldorado für Kanu- und Radfahrer. Von den Beckumer Bergen ausgehend führt sie ihr Wasser über Rheda-Wiedenbrück, um dann über Ahlen, Drensteinfurt in die münsterländische Parklandschaft überzugehen. Mit dem Kanu befahrbar ist sie schon ab Rheda. In der Nähe gibt es viele Anlegerstellen, die auch in Münster-Angelmodde und an der Pleistermühle zu finden sind. Beide Anleger sind beliebte Ausflugsziele, hier können auch Kanus ausgeliehen werden. Da die Werse ein langsam fließendes Gewässer ist, ist sie mühelos in beiden Fließrichtungen

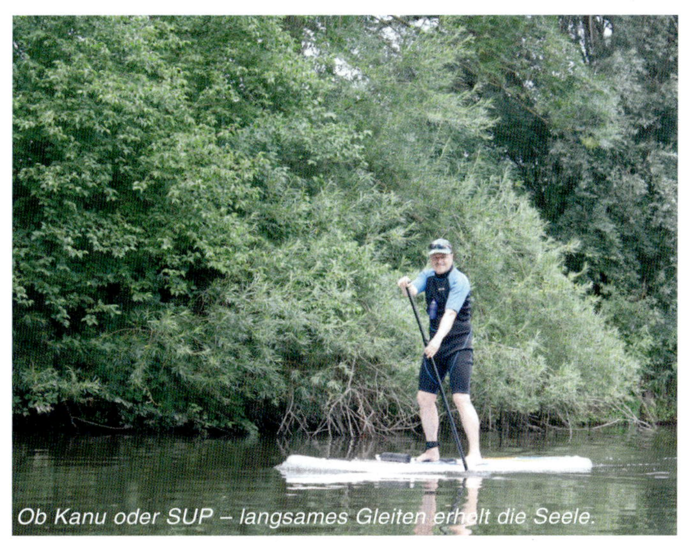

Ob Kanu oder SUP – langsames Gleiten erholt die Seele.

befahrbar. An der Pleistermühle befindet sich ein Stauwehr, also Vorsicht. Hier müssen die Paddler aussteigen. Eine Gelegenheit, in der Gaststätte mit Blick auf die Werse zu verweilen oder eine Runde Minigolf zu spielen. Nicht nur für Paddler ist die Werse interessant. Radfahrer können ganz gemächlich den gekennzeichneten Werse-Rad-Weg befahren. In Münster-Gelmer endet die Werse, um sich mit der Ems zu vereinigen. Bekannt sind die Ems-Auen zwischen Münster und Telgte, die sich in drei jeweils 30 Hektar große Gebiete aufteilen, in der Nähe von Vadrup, In den Pöhlen und Lauheide. Die so genannten "Wilden Weiden" gehören zu den artenreichsten Landschaften Europas, die dank der Beweidung von Koniks und Auerochsen ihre Artenvielfalt erhalten können. Von Aussichtspunkten aus kann der Besucher die Herden in der teils künstlich

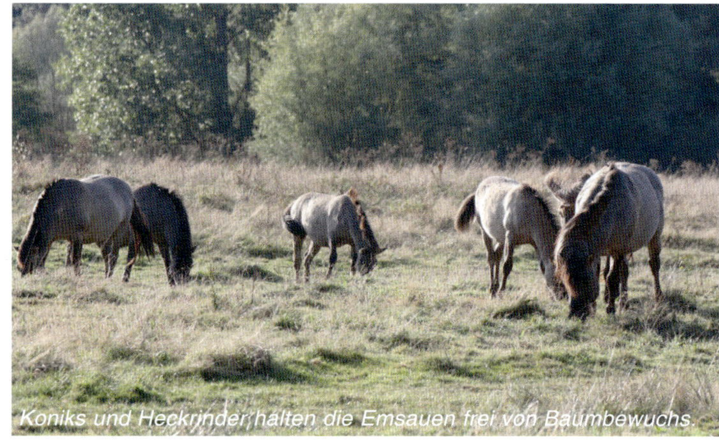

Koniks und Heckrinder halten die Emsauen frei von Baumbewuchs.

geschaffenen Naturlandschaft beobachten. Dank des Rückbaus der Ems im Rahmen des "Emsauenschutzprogrammes" zu ihrem natürlichen Verlauf kann der Fluss, der in die Nordsee mündet, wieder mäandern. Einzigartig sind die eiszeitlichen Sandablagerungen, die dem natürlichen Flussverlauf wenig entgegenzusetzen haben und dadurch zu Uferabbrüchen und Sandbänken führen. Diese natürlichen Prozesse verformen die Auenlandschaft, in der seltene Tiere ihr Zuhause haben. Umgeben ist die Auenlandschaft von Auwaldgebüschen und Feuchtgrünland. Sie geben mit ihren einzigartigen Strukturen Deckung und Brutmöglichkeiten für seltene Vogelarten wie Kiebitz, Spechten, dem Neuntöter oder der Nachtigall. Wer Glück hat, kann geschützte Arten wie

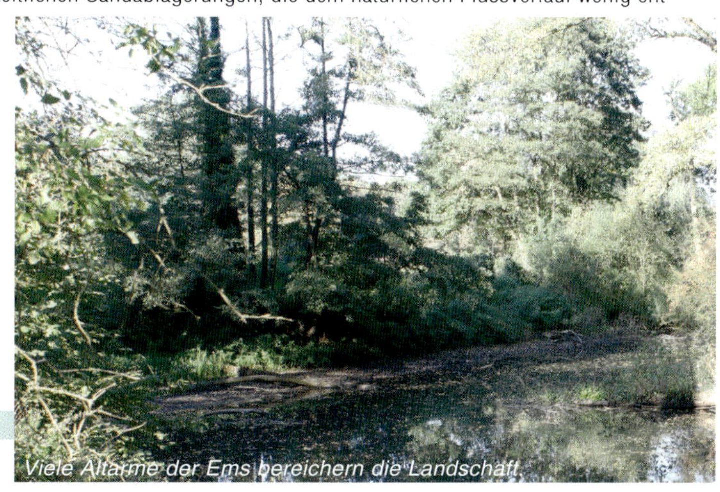
Viele Altarme der Ems bereichern die Landschaft.

Natur-Oase 7

Eisvogel, Uferschwalbe oder Knoblauchkröte entdecken. Gut lässt sich das europäisch geschützte Flora-Fauna-Habitat-(FFH-) Gebiet mit dem Fahrrad oder Kanu erleben.

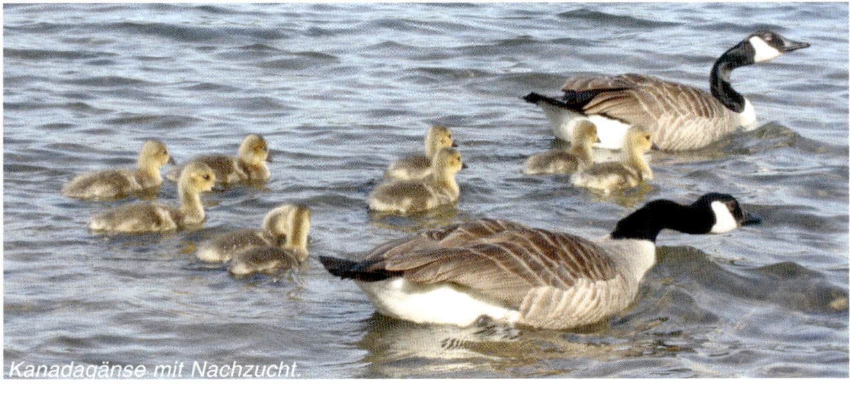

Kanadagänse mit Nachzucht.

Schon nördlich des Waldfriedhofs Lauheide gewährt die Emsterrassenkante erste Einblicke in die einzigartige Emsauenlandschaft mit ihren renaturierten Altarmen.

Unweit der Emsaue Vadrup erschließt sich der für Hundebesitzer beliebte Truppenübungsplatz Handorf-Ost, der außerhalb der Übungszeiten, also abends und am Wochenende betreten werden darf. Er ist ein wertvolles Naturschutzgebiet mit seltenen Tierarten wie dem Wespenbussard oder der Knoblauchkröte. Zusammen mit der Emsaue hat sich dieses Gebiet zu einem überregionalen Tourismusziel entwickelt.

Entsorgtes wird zur Kunst – der Kunst- und Heidegarten Lauheide

Einen Abstecher wert ist der Kunst- und Heidegarten Lauheide, den Karl-Erich Böttcher seit Mitte der Neunziger Jahre geschaffen hat. In seinem Heide- und Landschaftsgarten hat er zusammen mit anderen Künstlern eine besondere Skulpturensammlung aus recyclebaren Materialien geschaffen. Aus vielen Winkeln und Nischen richten fantasievolle Gestalten ihren Blick gen Himmel, geschaffen aus rostigem Metall, verrottendem Holz oder beständigem Plastik.

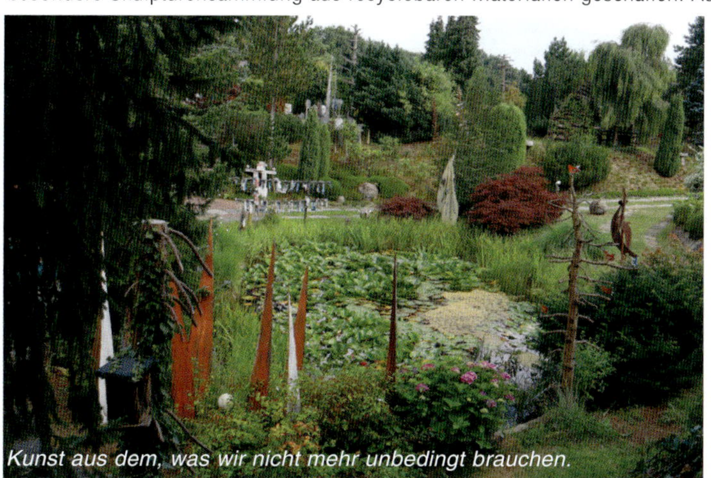

Kunst aus dem, was wir nicht mehr unbedingt brauchen.

Der Garten ist jeden Tag bei Tageslicht zu besuchen, das Bauernhaus bei Ausstellungen von 10 bis 18 Uhr.

E-mail: boettcher.ke@t-online.de

Es ist Entsorgtes mit Geschichte,
bei mir im neuen Lichte

Karl-Erich Böttcher

www.kunstgarten-lauheide.de

Wo tagsüber die Bundeswehr das Bild prägt – der Truppenübungsplatz Handorf-Ost

Ein kleiner Tipp ist der Truppenübungsplatz Handorf-Ost vor allem für Hundefreunde, die ihre Fellnasen dort ausführen. Aber Achtung, er ist nicht zu verwechseln mit dem "Standortübungsplatz Dorbaum ", nördlich der Lützowkaserne zwischen Ems und Werse-Mündung gelegen, der wegen der Gefahr von Blindgängern und Munition seit 2003 für die Öffentlichkeit gesperrt ist. Der südlich gelegene Übungsplatz "Handorf-Ost" dagegen darf außerhalb der Übungszeiten betreten werden, also abends und am Wochenende. Beide Truppenübungsplätze sind wertvolle Naturschutzgebiete. Hier sind Laubfrösche und seltene Tierarten wie Wespenbussard und Knoblauchkröte zu Hause. Der nördliche Truppenübungsplatz grenzt an die Naturschutz-Weidelandschaft Emsaue Vadrup der Nabu-Naturschutzstation Münsterland. Mit den frei lebenden Konik-Pferden und Heckrindern hat sich dieses Gebiet zu einem überregionalen Tourismusziel entwickelt.

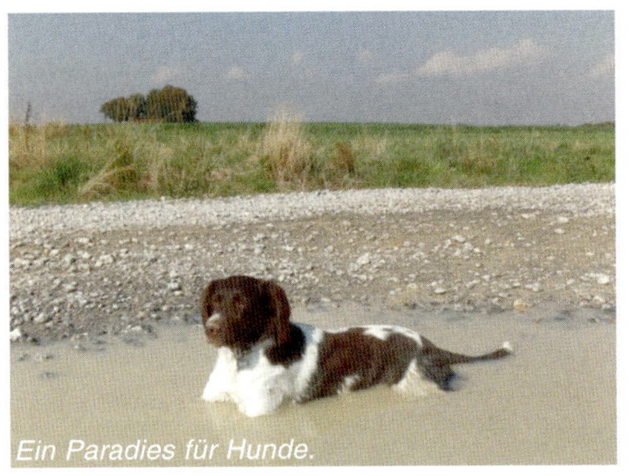
Ein Paradies für Hunde.

51° 59' 46" N
7° 43' 30" E

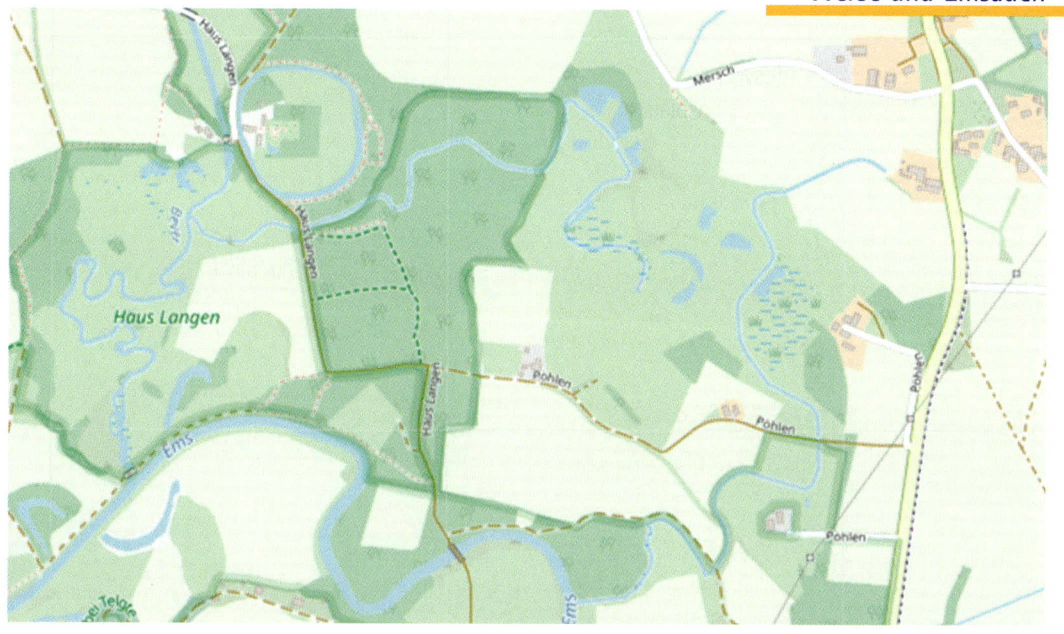

www.openstreetmap.org

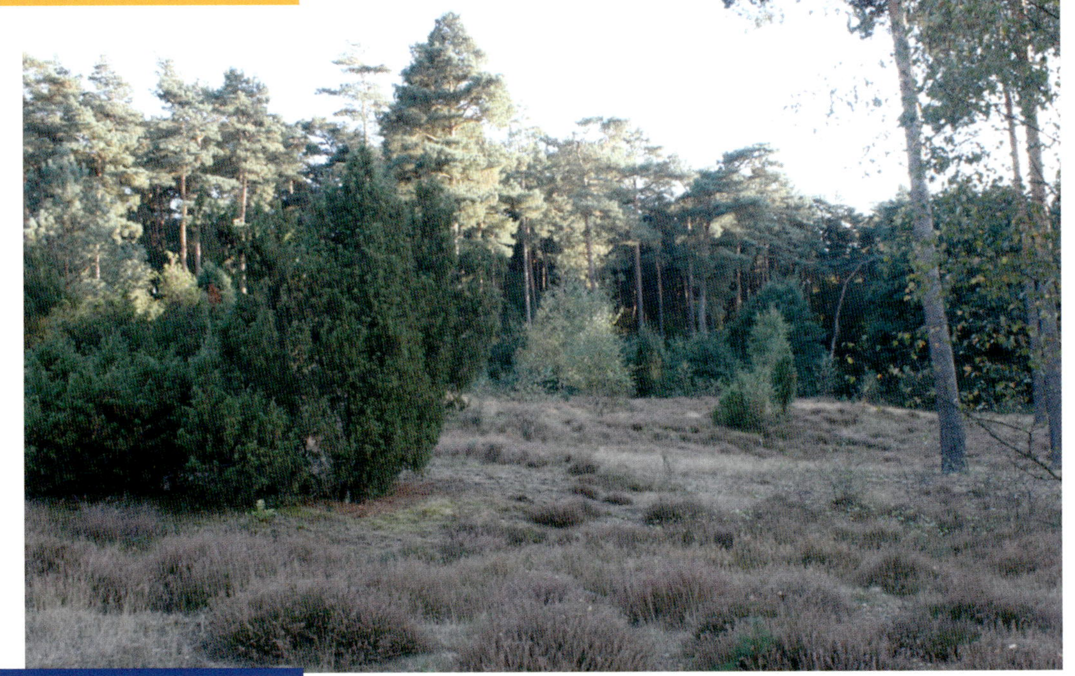

Wo einst die Plaggen abgetragen wurden – Die Wacholderheide in den Klatenbergen

Einst typisch für einen Teil der münsterländischen Parklandschaft, dem Sandmünsterland, waren die künstlich durch Waldrodung geschaffenen Heidelandschaften. Bis ins Mittelalter hinein trieben die Bauern ihre Schafe in die Rodungen. Zudem trugen sie die durchwurzelten Schichten als so genannte Plaggen ab, die sie als Streu für die Viehställe benutzten und später als Dünger auf ihre Felder brachten. Geblieben ist wenig von der urtümlichen Landschaft. Dank der REGIONALE 2004 und der Umsetzung eines Landschaftsplans gelang durch Abtragung der obersten nährstoffreichen Erdschichten die Wiederherstellung eines kleinen Teils der Heide unter dem Titel "Landschaftsfenster Wacholderheide". Das Eingangsfenster befindet sich in einem Teil des Dünenzuges der Ems, den Klatenbergen, in der Nähe von Westbevern an einer viel befahrenen Straße. Nach einigen Metern jedoch ist man von einer ursprünglichen, stillen fast vier Hektar großen Heidelandschaft umgeben, die ein wenig an die Lüneburger Heide erinnert.
Es ist ein überschaubares Kleinod mit Heide, Sandsegge, Silbergras und altem Wacholderbestand, das gepflegt werden möchte. Seltene heidetypische Insektenarten haben sich inzwischen eingefunden. Um diese typische Heidelandschaft zu bewahren, bedarf es einer ständigen Pflege durch Schafe der Nabu-Naturschutzstation. Ansonsten würde die Fläche verbuschen, die Dünenlandschaft mit dem Sandtrockenrasen und ihrer einzigartigen Artengemeinschaft würde verschwinden.Einen schönen Rundblick in die Wacholderheide gewährt die höchste Erhebung, eine Dünenkuppe.

www.nabu-naturschutzstation.de

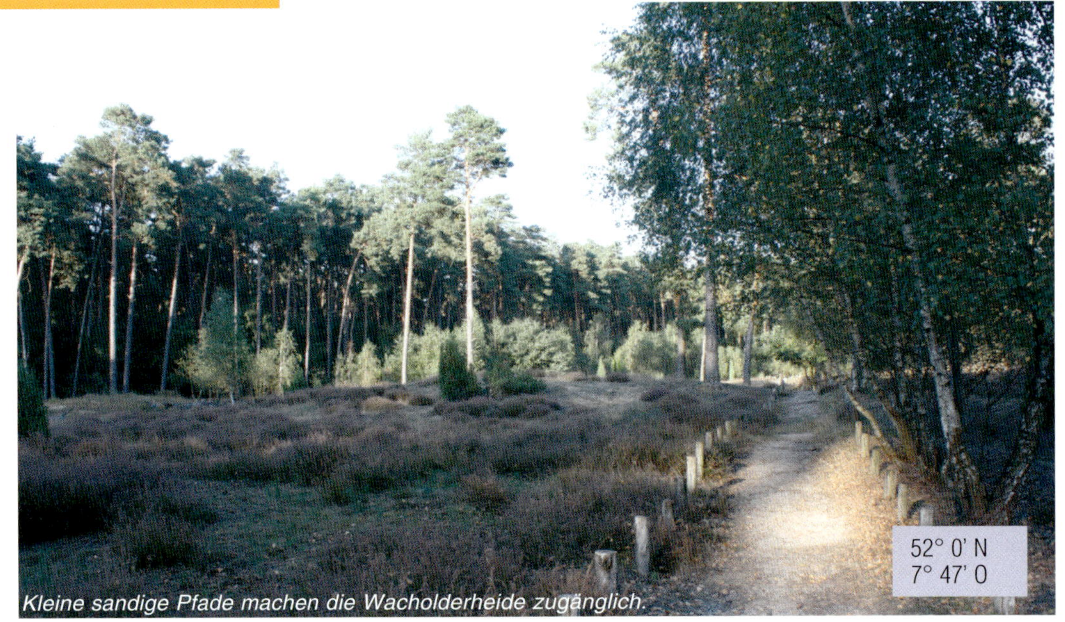

Kleine sandige Pfade machen die Wacholderheide zugänglich.

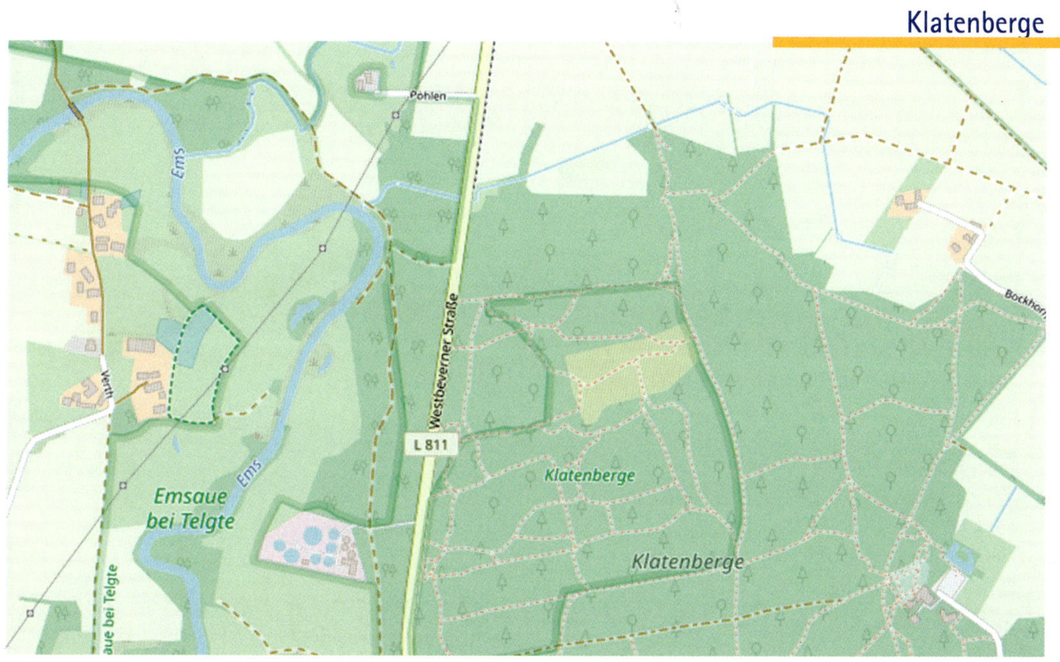

www.openstreetmap.org

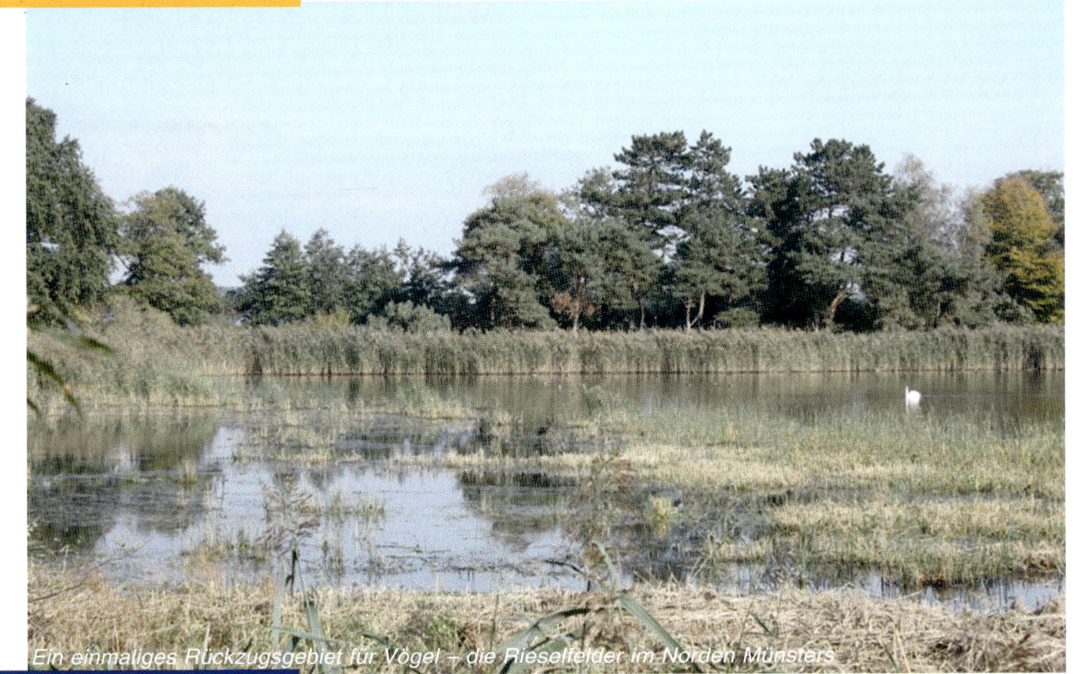

Ein einmaliges Rückzugsgebiet für Vögel – die Rieselfelder im Norden Münsters

Von der Großkläranlage zum Vogelschutzgebiet – die Rieselfelder

Dass sich ein europaweit so bekanntes Vogelschutzgebiet entwickelt haben würde, konnte vor 60 Jahren noch kein Münsteraner ahnen. Denn bis in die Siebziger Jahre waren die nördlich gelegenen Rieselfelder die Kläranlage der westfälischen Metropole.

Unseren Mittelschnauzer Lex zog es bei seinen Ausflügen immer in die Rieselfelder, und erwartungsgemäß kam er mit einem gewissen Hautgout zurück.

Dann sollte sich alles ändern. Nach dem Bau einer Großkläranlage in naher Nachbarschaft zu den Rieselfeldern in Coerde wurden die Flächen als Ackerland genutzt, später aber um die Jahrtausendwende im Rahmen des so genannten “Life-Projekt” wieder unter Wasser gesetzt. Vorausgegangen war eine riesige Protestwelle “Rettet die Rieselfelder”, die schließlich zum Erfolg führte. Laut einem ursprünglichen Plan sollte dort ein Industriegebiet erstellt werden. Die Proteste waren der Startschuss für die Zugvögel, die sich seitdem regelmäßig auf dem seichten Gewässer niederlassen und nach einer weiten Durchreise rasten und sich mausern. Das etwa 230 Hektar große Naturschutzgebiet ist durchzogen von vielen bis zu 130 kleinen Teichen, die damals durch die Stadt Münster zur Verrieselung der mechanisch gereinigten Abwässer angelegt wurden. Die Gewässerzonen bieten zudem Schutz für seltene Vogelarten, die in den Röhrichten auch brüten. So finden sich in den Seichtgewässern viele Enten- und Gänsearten wie auch Wasserläuferarten. In den Röhrichten brüten Eisvogel,

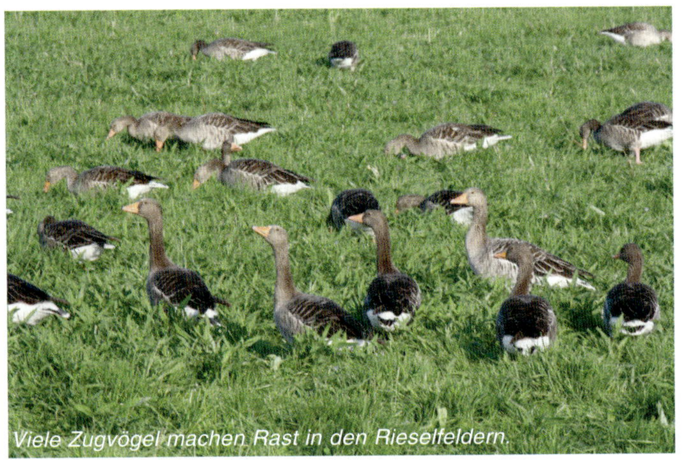
Viele Zugvögel machen Rast in den Rieselfeldern.

Kiebitz und Spechtarten. Viele Wege können am besten per Fahrrad befahren werden, um das weitläufige Gebiet zu erkunden.
Selbstverständlich sollte man bei den Fahrten auf den Wegen bleiben, um die Vogelwelt nicht zu stören. Auch hölzerne Aussichtstürme gewähren einen einzigartigen Überblick über die blau-grün schimmernden schachbrettartig angelegten Teichanlagen. Als Ausgangspunkt bietet sich die Biologische Station mit Ausstellungsraum und Infomaterial für die Besucher an, von der aus man auf dem angelegten Naturlehrpfad wie auch einem Schilflehrpfad einiges über die Rieselfelder mit ihrem abwechslungsreichen Landschaftsbild aus Teichen, Brachen sowie Feucht- und Obstwiesen erfahren kann. 22 Infotafeln strukturieren das einzigartige Vogelschutzgebiet.

52° 01' 31" N
7° 38' 52" E

www.biostation-muenster.de

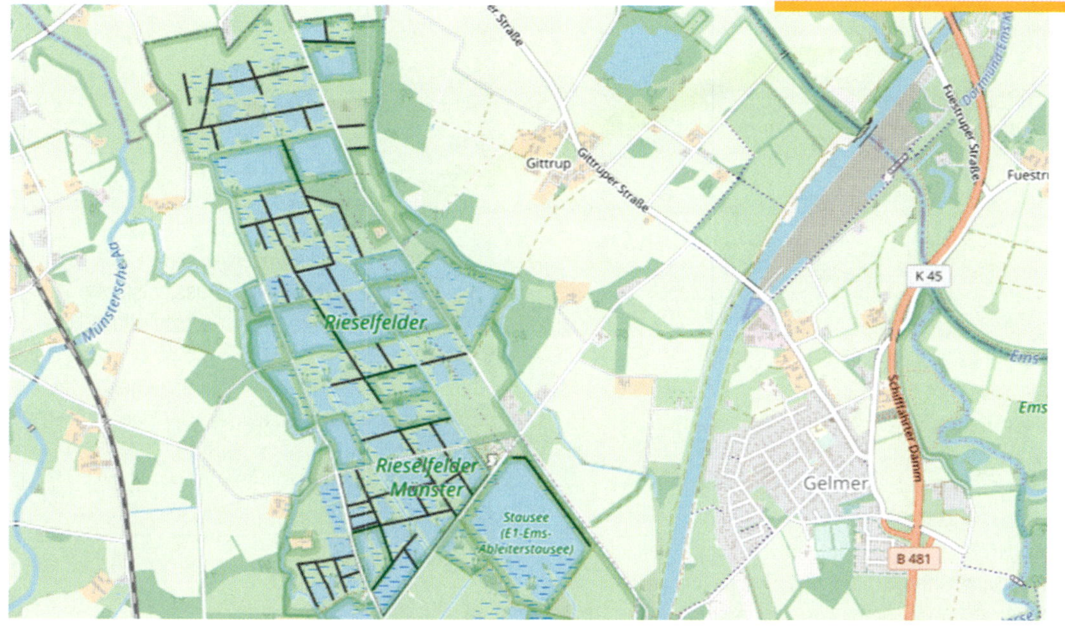

www.openstreetmap.org

Quellen

Internetadressen

alexianer-muenster.de
biostation-muenster.de
hotel-am-wasserturm.de
kunsthaus-kannen.de
muensterland.com
nabu-muensterland.de
nabu-naturschutzstation-muensterland.de
natur-erleben-nrw.de
naturerbe-nabu.de
naturgenussroute,de
naturschutzzentrum-coesfeld.de
nrw.nabu.de
nrw-tourismus.de
openstreetmap.org
rieselfelder-muenster.de
tourismusverband-nrw.de
wald-und-holz.nrw.de

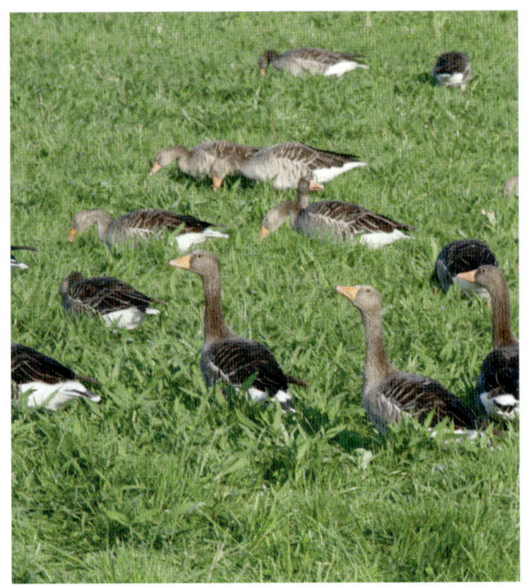

Fotos: Helga Kretzschmar